von Pater Richard Foley SJ

DAS DRAMA
VON MEDJUGORJE

Aus dem Englischen übersetzt von Ruth Poltrock

Englisches Original "The Drama of Medjugorje"
© copyright 1992/93 by Fr Richard Foley SJ

Deutsche Übersetzung
© copyright 1993 by
MiR - für Frieden und Versöhung e. V.

Vertrieb bei
media MiR
Gernsbacher Straße 36
D-76332 Bad Herrenalb
ISBN 3-929549-03-4

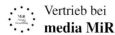 **fe-medienverlag gmbh**
Friedrich - Wirth - Str. 4
D-88353 Kißleg
ISBN 3-928929-03-8

Inhalt

	Einleitung	4
	Vorwort	5
	Einführung	6
1.	Das Drama von Medjugorje	12
2.	Quelle der Gnaden	25
3.	Schule der Heiligkeit	37
4.	Der Beichtstuhl der Welt	47
5.	Feste der Eucharistie	57
6.	Wir Wandern mit Engeln	69
7.	Die Bedrohung durch Satan	82
8.	Die Stunde unseres Todes	95
9.	Ein blick ins Fegefeuer	108
10.	Das Geheimnis der Hölle	123
11.	Vorhof des Himmels	137
	Anhang	150

ERKLÄRUNG

Das Dekret der Kongregation für die Verbreitung des Glaubens (AAS 58, 1186 - approbiert durch Papst Paul VI. am 14. Oktober 1966) legt fest, daß das "Nihil obstat" und das Imprimatur nicht mehr länger erforderlich sind für solche Veröffentlichungen, die von Privatoffenbarungen, Erscheinungen, Prophezeiungen, Wundern und dergleichen handeln, unter der Voraussetzung, daß in ihnen nichts ausgesagt wird, was im Widerspruch zur Glaubens- und Sittenlehre steht.

Der Verfasser bekräftigt hiermit, wenn er die fortlaufenden Ereignisse von Medjugorje ermittelt und beschreibt, seine bedingungslose Unterwerfung unter alles, was von der Kirche als endgültiges Urteil festgestellt wird.

Zwischenbericht der Jugoslawischen Bischofskonferenz vom November 1990:

Im Lichte der zu diesem Zeitpunkt gesammelten Beweise ist es noch nicht möglich, zu bestätigen, daß die Ereignisse von Medjugorje als Erscheinungen oder übernatürliche Offenbarungen bezeichnet werden können. Trotzdem erfordert die große Zahl der Gläubigen, die Medjugorje besuchen, priesterliche Seelsorge und die Aufsicht der Diözesanbischöfe und anderer, damit eine heilsame Verehrung der seligen Jungfrau Maria, und zwar in Übereinstimmung mit der kirchlichen Lehre, gefördert werden kann. Im Hinblick darauf, hält die Bischofskonferenz in angemessener Zeit liturgische und pastorale Regelungen für erforderlich. Mittlerweile wird sie weiterhin die Situation in Medjugorje unter ständiger Beobachtung halten.

VORWORT

Medjugorje sieht sich durch den Ausbruch der kriegerischen Auseinandersetzungen im ehemaligen Jugoslawien, die Mitte 1991 begannen, in ein weiteres Drama von unerwarteter und tragischer Art hineingezogen. Die Feindseligkeiten begannen, als nationale militärische Kräfte, hauptsächlich Serbo-Marxisten, eine umfangreiche Offensive gegen Kroatien in Gang setzten.

Die Invasion der serbischen Truppen wurde von den eigentlich wehrlosen Kroaten mit hohen Menschenverlusten und großen Leiden niedergeworfen. Auch viele Gebäude, darunter Hunderte von Kirchen, wurden zerstört. Es entstand ein massives Flüchtlingsproblem. Die Aggressoren fuhren daraufhin fort, die gleichen Zerstörungen in Bosnien-Herzegowina anzurichten. Hier richtete sich ihre Politik der "ethnischen Säuberung" vor allem gegen die muslimische Bevölkerung. Die Folge war ein unerträglicher Anstieg der Flüchtlinge.

Medjugorje, in Bosnien-Herzegowina gelegen, wurde durch die Vorsehung von dem Horror des Krieges, der so viele Städte und Dörfer befiel, verschont. Verständlicherweise verringerte sich der Pilgerstrom im Vergleich zur Vielzahl der Wallfahrer in den Vorkriegstagen zunächst auf eine kleine Zahl. Aber es fiel auf, daß die Medjugorje-Gebetsgruppen weltweit eine Vertiefung des Glaubens erfuhren und sich stärker denn je gegenüber den Botschaften Unserer Lieben Frau verpflichteten. Ein weiterer auffälliger Effekt ist das starke, intensivierte Gebet um den Frieden.

Aus den Botschaften erkennt nun jeder, weshalb die Gottesmutter ihre Bitte um den Frieden so oft wiederholte. Angesichts der Situation im ehemaligen Jugoslawien hat diese Bitte einen unverkennbar prophetischen Bezug.

Laßt uns unsere Gebete zu einem millionenfachen Flehen an die Gottesmutter von Medjugorje vereinen, damit der wahre Friede in dieser vom Krieg gequälten Region siegt, die durch das Kommen der Königin des Friedens so reich begnadet wurde.

Richard Foley S.J.

EINFÜHRUNG

Bei der Beschreibung all dieser Reflexionen über die Ereignisse von Medjugorje ist mir wohl bewußt, daß für zahlreiche Leser die Tatsache der Privatoffenbarungen - und zu ihnen gehört auch Medjugorje - kaum vertraut sein wird. Ich werde darauf sofort zu sprechen kommen. Aber zunächst möchte ich diesen Lesern versichern, daß die Welt von Medjugorje besonders einladend und besonders heilig ist. Hierbei kann man mit gutem Grund den heiligen Augustinus erwähnen, wenn er von der Stadt Gottes sagt: "Ihre besondere Atmosphäre ist Frieden - göttlicher, himmlischer Frieden."
Dieses einsame kleine Dorf nahe der dalmatinischen Küste, das bei unzähligen Pilgern in aller Welt bekannt geworden ist, macht überzeugend klar, daß Maria, die Mutter des Friedensfürsten, hier mit einer Botschaft des Friedens erscheint. Wer in Medjugorje war, der wird die Botschaften, die Prophezeiungen, die Zeichen bezeugen können, aber vor allem wird jeder Medjugorje-Pilger die offensichtlichen Wirkungen dieses Ortes an sich selbst erfahren. Von all den zahlreichen Auszeichnungen, die Medjugorje von den Pilgern gegeben werden, ist keine so bemerkenswert wie die von Urs von Balthasar, der sagt: "Medjugorjes Theologie spricht wahr. Ich bin von seiner Echtheit überzeugt. Und alles stimmt mit der katholischen Lehre überein. Was dort geschieht, ist so bedeutend, so offenbar, so überzeugend."

Privatoffenbarung

Medjugorje ist grundsätzlich das Ergebnis einer Privatoffenba-rung von prophetischer Art. Das bedeutet: Es gewinnt nicht nur die unmittelbar Aufnehmenden, sondern nebenbei auch andere. In der Tat verbreiten sich die Auswirkungen des Geschehens von Medjugorje in der ganzen gegenwärtigen Welt. Seinem Status und seiner Rolle als Instrument von Privatoffenbarungen gemäß, versucht Medjugorje auch immer wieder und auf vielfache Weise zu bewegen, zu raten, anzuleiten, zu inspirieren, anzufeuern, zu ermutigen und die Kirche an ihre Aufgabe zu erinnern, die darin besteht, der heutigen Menschheit die kostbaren Inhalte dieser öffentlichen Ereignisse zu vermitteln, insbesondere die tiefe Gläubigkeit, die von allen Beteiligten ausgeht.
Dieselbe Kirche erlaubt es uns, die Zusammenhänge aller privaten Offenbarungen miteinander zu teilen, also Erscheinungen, Botschaften, Prophezeiungen, Wunder, Zeichen usw., ohne erst um ihre ausdrückliche Erlaubnis nachsuchen zu müssen. Der einzige Vorbehalt, den die Kirche macht, besteht darin, daß keine dieser Glaubensgewohnheiten gegen Glaube und Sitte verstoßen darf (s.o.).

In diesem Zusammenhang ist es nicht ohne Bedeutung, darauf hinzuweisen, daß die Kirche seit mehr als 10 Jahren Medjugorje als einen geistlichen Mittelpunkt für Gläubige von nah und fern zuläßt. Eine solch massive Entwicklung der geistlichen Bewegung hätte die Kirche wohl kaum zugelassen, wenn Gründe für auch nur den leisesten Verdacht bestanden hätten, daß es dort zu Verstößen gegen die Glaubens- und Sittenlehre gekommen wäre.

Normen und Richtlinien

Medjugorje gehört grundsätzlich zur Kategorie von Privatoffenbarungen. Darüber muß in einer weiteren und überaus wichtigen Überlegung gesprochen werden. Da gerade Privatoffenbarungen, wie dort, selbst für Theologen ein sehr komplexes Gebilde darstellen, müssen bestimmte Normen und Richtlinien aufgerufen werden, um auf der einen Seite die Tatsachen und andererseits die Inhalte solcher Ereignisse darzustellen und richtig zu bewerten.

Die Erscheinungen

Beginnen wir mit den Offenbarungen von Medjugorje. Wenn die Seher die Muttergottes als eine dreidimensionale Erscheinung sehen, dann nehmen sie etwas von der göttlichen, ewigen Welt wahr, die die irdischen Realitäten von Raum und Zeit übersteigt. Dabei entwickeln sie Seelenkräfte, die es ihnen möglich machen, übernatürliche Wirklichkeiten zu erfassen, Kräfte, die völlig verschieden sind von den Fähigkeiten menschlicher Erkenntnis. Von den seelisch verwandten Heiligen, Theresa von Avila und Johannes vom Kreuz, wissen wir, daß selbst sie Schwierigkeiten hatten, über derartige Erfahrungen klar und angemessen zu sprechen. Um wieviel schwieriger ist es dann, sich an sechs junge Kroaten von ländlicher Kultur zu wenden, die dazu nur bescheidene intellektuelle Kenntnisse besitzen.

Ihre Visionen

In einem ähnlichen Kontext sind die Erscheinungen zu betrachten, bei welchen den jungen Sehern Einblicke in Himmel, Hölle und Fegefeuer gewährt wurden. Es wurde ihnen sogar der leidende Christus des Karfreitags gezeigt, während Engel der Muttergottes in ihrem Schmerz beistehen. René Laurentin, eine unanfechtbare Autorität auf diesem Gebiet, kann uns helfen, diese Visionen in klarerem Licht zu sehen.
Er hält einen gewissen Grad von Relativismus für erforderlich, um Berichte dieser Art aufzunehmen, sie zu filtern und für sich fruchtbar werden zu lassen. Laurentin hebt die Notwendigkeit hervor, in jedem Fall die Verschiedenheit

der intellektuellen Ausstattung, die Unterschiede im Temperament, die ererbten Traditionen sowie den erzieherischen Hintergrund zu bedenken. Er fügt hinzu, daß Gott den Gegenstand der Vision den psychologischen und physiologischen Vorstellungskräften der Seher anpaßt. Laurentin faßt all diese Überlegungen folgendermaßen zusammen: "Wenn unsichtbare Wahrheiten sichtbar gemacht werden, so ist dies eine eng begrenzte Kommunikation in Zeichen, die der Belehrung dienen und bestimmten Personen zu einem bestimmten Zeitpunkt und an einem bestimmten Ort zugewendet werden. Jene, welche diese Kommunikation erhalten, werden weder ihrer irdischen Situation noch ihrer Subjektivität enthoben."

Sogar der heilige Augustinus, der selbst Empfänger mystischer Erfahrungen war, mußte zugeben: "Die unsichtbaren Dinge, welche von den Geschöpfen verstanden werden, sah ich in der Tat, aber ich war nicht imstande, meinen Blick auf ihnen festzumachen. Meine Schwäche wurde mir zurückgegeben, und ich wurde zur gewöhnlichen Erfahrung geführt."

Die Botschaften

Ähnliche Beobachtungen lassen sich bei intensiven Gesprächen mit den Sehern machen. P. Robert Faricy SJ, der ausführlich über Medjugorje geschrieben hat, bemerkt: "Wie alle prophetischen Botschaften stellen auch die von Medjugorje hohe Anforderungen an die Urteilskraft, denn in jeder Prophezeiung können unauthentische Elemente enthalten sein. Jene, die sie empfangen, können sie unbewußt verzerren, falsche Akzente in die Botschaften setzen oder etwas von ihnen weglassen."

Ein anderer authentischer Kenner der Vorgänge von Medjugorje, Erzbischof Franic von Split, äußerte sich 1985 gegenüber der jugoslawischen Bischofskonferenz: "Die Botschaften der Muttergottes erreichen uns über die Kinder; da können Mißverständnisse auftreten, denn - entsprechend den menschlichen Unvollkommenheiten - kann es geschehen, daß diese Botschaften unpräzise wiedergegeben werden. Alle Botschaften und Ereignisse haben ihren eigenen Status im Übernatürlichen, bzw. auch in dem, was nicht übernatürlich ist. Mit einem Wort: Wir müssen die Spreu vom Weizen trennen."

Wir sollten all dies im Gedächtnis behalten im Hinblick auf die verschiedenen Botschaften, die von Medjugorje ausgehen. Auf der einen Seite sind wir vollkommen frei, zu glauben, daß die Muttergottes die Quelle ist, andererseits kann man diesen Botschaften eine verbale Unfehlbarkeit nicht zuschreiben, wie dies in den vom Geist inspirierten heiligen Schriften der Fall ist. Der irische Mariologe, P. Michael O'Caroll CSSP, warnt sogar, daß die Seher möglicherweise versagen oder irren könnten bei der Überbringung der Botschaften von oben. Nichtsdestoweniger ist er wie alle vorher erwähnten Autoritäten davon überzeugt, daß die uns übergebenen Medjugorje-Botschaften alle einen gemeinsamen Inhalt haben. Dieser beständige Schwerpunkt aller Botschaften ist es, was die Gottesmutter bei jeder Gelegenheit zu sagen wünscht. In den folgenden Kapiteln soll versucht werden, das deutlich herauszustellen.

Nicht nur Medjugorje

Das "Verständnisproblem" ist nicht auf Medjugorje beschränkt. In der Tat tritt es bei allen Privatoffenbarungen auf, so auch in Lourdes oder in Fatima. Es besteht immer die Möglichkeit, wie es Papst Benedikt XIV. in seiner klassischen Arbeit zu diesem Thema betonte, daß "nicht geoffenbarte oder sogar unrichtige Elemente" von einem ganz aufrichtig Empfangenden einer ganz und gar wahren Erscheinung hinzugefügt werden, je nach seiner eigenen Betrachtungsweise. Tatsächlich hat P. Augustin Poulain SJ in seinem monumentalen Werk über mystische Erfahrungen nicht weniger als 32 Fälle von Heiligen und Mystikern aufgelistet (alle diese Offenbarungen waren ganz authentisch und von der Kirche gebilligt), bei deren Aufzeichnung menschliche Irrtümer mit der Wahrheit vermischt wurden. So behauptete z.b. die heilige Katharina von Siena, die Muttergottes habe ihr erzählt, sie sei nicht unbefleckt empfangen worden. Die heilige Gertrud berichtete, daß unser Herr die Tugend der Geduld (patientia) gepriesen habe, weil sie in einem einzigen Wort Frieden (pax) und Wissen (scientia) verbinde. Der heilige Vincent Ferrer berief sich auf eine Privatoffenbarung, als er ganz kategorisch erklärte, daß das Ende der Welt bevorstehe und der Antichrist neun Jahre alt sei.

Die Geheimnisse

Unter den Medjugorje-Botschaften beziehen sich einige prophetisch auf die Zukunft. Von ihnen spricht man dann allgemein als von "Geheimnissen". Hier gelten die gleichen Normen, die oben skizziert worden sind.
Es ist nicht das erste Mal, daß Seher mit göttlichen Geheimnissen vertraut gemacht werden. Die heilige Bernadette erhielt drei solcher Geheimnisse in Lourdes. Sie waren nur an sie selbst gegeben und sie weigerte sich deshalb energisch, sie Dritten zu offenbaren. Die beiden Seher von La Salette wurden mit einem Geheimnis betraut (1846), in Fatima waren es drei (1917).
In den zehn Medjugorje-Geheimnissen liegt eine signifikante apokalyptische Bedeutung, stärker noch als dies etwa in Fatima der Fall war. Es gibt keine Unvereinbarkeit zwischen Privatoffenbarung und Prophezeiung, dies hat die Königin der Propheten in der Vergangenheit oft bewiesen. Es gibt genügend Fälle, bei denen zukünftige Ereignisse geoffenbart wurden. Man denke an den Römischen Kaiser Konstantin, dem das Kreuz mit der Inschrift gezeigt wurde: "In diesem Zeichen wirst du siegen!", eine Prophezeiung seines späteren Sie-

ges an der Milvischen Brücke (312). Bekannt ist auch eine Vision des heiligen Ignatius, in der ihm erklärt wurde, daß der Herr ihm in Rom Gnaden gewähren werde trotz der Widerstände, die ihn dort erwarteten.

Die inneren Schauungen

Innere Schauungen bilden ebenfalls einen wesentlichen Bestandteil der Ereignisse von Medjugorje. Es handelt sich dabei um mystische Erfahrungen, bei denen Gott durch eine innere Stimme zu einem Empfangenden spricht, hörbar oder nur im Geist. Die beiden Mädchen Jelena und Marijana spielen unter diesem Aspekt eine bedeutende Rolle auf der Bühne von Medjugorje. Ihre Botschaften werden in den folgenden Kapiteln regelmäßig Erwähnung finden.

Beschäftigt man sich mit der Deutung und der Bewertung solcher innerer Visionen, so ist es geboten, identische Kriterien mit den allgemeinen Botschaften aufzuspüren. Auch von P. Stefano Gobbi, dem Gründer der weltweiten "Marianischen Priesterbewegung", werden innere Schauungen und Hilfen empfangen.

Die Kirche gewährt uns große Freiheit in der Annahme und Verbreitung von Botschaften, die aus inneren Schauungen und Erscheinungen kommen - vorausgesetzt natürlich immer, daß ihre Inhalte mit der offiziellen Lehre der Kirche übereinstimmen. Aber wir müssen die Möglichkeit einräumen, daß sich menschliche Irrtümer und Mißverständnisse in der Wiedergabe und Verbreitung solcher Ereignisse finden, denn das ist ein ständig zu beachtender Schwachpunkt in jeder Art von privaten Offenbarungen.

Die Leser sollten daher in diesem Buch zunächst solche Aussagen besonders beachten, in denen es heißt "Die Muttergottes sagte..." Wir erhalten nämlich diese Worte und Aussagen, die wir der Gottesmutter als der Quelle zuschreiben, nur bruchstückhaft und gefärbt durch die menschlich-psychologische Situation der Seher, deren innere Visionen immer auch subjektive Erfahrungen sind.

Der Weg vorwärts

Es ist wichtig zu bemerken, daß mit der offiziellen Billigung einer Privatoffenbarung durch die Kirche auf keinen Fall die Unfehlbarkeit all ihrer Zusammenhänge garantiert ist. Die Billigung durch die Kirche drückt lediglich die Tatsache aus, daß die Zusammenhänge in keiner Weise gegen den Glauben oder die Sittenlehre verstoßen.

Medjugorje macht Fortschritte auf dem Weg, die kirchliche Anerkennung zu gewinnen. Wir haben inzwischen gute Gründe, diesbezüglich optimistisch zu sein.

Im November 1990 gab die jugoslawische Bischofskonferenz folgenden Zwischenbericht über Medjugorje heraus: "Angesichts der Beweise, die bis heute gesammelt wurden, ist eine abschließende Anerkennung der Ereignisse in Medjugorje als Erscheinungen oder Privatoffenbarungen noch nicht möglich. Trotzdem erfordert die große Zahl der Gläubigen, die Medjugorje besuchen, priesterliche Seelsorge und die Aufmerksamkeit der Diözesanbischöfe und anderer, damit eine heilbringende Verehrung der seligen Jungfrau Maria im Einklang mit der kirchlichen Lehre gefördert werden kann. Im Hinblick darauf, wird die Bischofskonferenz bemüht sein, liturgische und pastorale Normen zu erstellen. Inzwischen wird die Situation in Medjugorje weiterhin unter ständiger Beobachtung gehalten."

Zwei Feststellungen sind bei dieser Aussage zu machen. Zum einen kann die Bischofskonferenz den übernatürlichen Charakter Medjugorjes bisher nicht bestätigen - dies wäre auch nicht möglich, weil die Privatoffenbarungen ja noch nicht abgeschlossen sind.

Zum anderen stimmen die Landesbischöfe in der Erkenntnis überein, daß die gewaltigen äußeren Ereignisse - große Pilgerströme, öffentliche Verehrung usw. - von den Erscheinungen herrühren müssen.

Gemäß den Normen der Glaubenskongregation ist dies eine notwendige Voraussetzung für die Anerkennung der Erscheinungen selbst, obwohl das eine nicht zwangsläufig zum anderen führt.

Bemerkenswert ist aber auch die Tatsache, daß acht oder neun Bischöfe Jugoslawiens, unter ihnen Bischof Franco Komarica, der Präsident der Kommission, selbst als Pilger in Medjugorje gewesen sind.

1. DAS DRAMA VON MEDJUGORJE

Für viele Millionen Gläubige stellt Medjugorje eines der größten und wunderbarsten Geschenke Gottes dar, die er jemals durch die Hände Mariens der Welt gegeben hat. Medjugorje stellt eine der außergewöhnlichsten Episoden der modernen Kirchengeschichte dar, neben seiner schon ganz und gar außergewöhnlichen Existenz. Selten zuvor hat sich so augenscheinlich das Wort Christi bestätigt, als er in solchem Zusammenhang sagte: "An ihren Früchten werdet ihr sie erkennen." (Mt. 7,16).
In der Tat kann man Medjugorje als ein Wunder unserer Zeit bezeichnen. Die täglichen Erscheinungen und die Botschaften der Muttergottes in diesem unbedeutenden Ort auf dem Balkan haben ein gewaltiges Leuchtfeuer an Glaube und Liebe entfacht, das von der gesamten Menschheit angenommen und zum Heil genutzt werden soll.
Die Gospa von Medjugorje bezeichnet sich selbst als die "Königin des Friedens". Der allerwichtigste Sinn ihres Kommens, so sagt sie selbst, ist es, den Frieden ihres göttlichen Sohnes in unsere so unfriedliche, sündhafte Generation zu tragen. Die erste und beste Wirkung der göttlichen Gnade muß, wie sie selbst ausdrücklich betont, Friede im eigenen Bewußtsein, d.h. Einklang mit dem Gott der Gebote sein. Dann wird auch sein Friede von uns selbst als seinen Überbringern wie von Spiegeln ausstrahlen in die Welt, bei uns und um uns beginnend, in unseren Häusern, an unseren Arbeitsplätzen.
Dann kann auch sein sanfter Einfluß in der Gesellschaft leuchten, deren Mitglieder wir ja sind. Schließlich können die Segnungen des göttlichen Friedens sogar auf die kriegsgeplagten Regionen unserer so zerbrechlichen internationalen Friedensfähigkeit ausgeschüttet werden.

Wo alles begann

Medjugorje ist eine abgelegene ländliche Ansammlung von Anwesen und Gehöften, eine kurze Strecke landeinwärts vom südwestlichen Küstenstreifen der schönen Adriaküste. Der Name Medjugorje bedeutet in der kroatischen Sprache etwa "Zwischen den Hügeln" - sanfte, wellenförmige Hügel in einer rauhen und unwirtlichen Bergregion.

Obwohl Hotels. Läden, Restaurants und Häuser für die Versorgung der großen Pilgerscharen ständig neu entstehen, bleibt das ursprüngliche Medjugorje ein lockeres, ausgedehntes Nebeneinander von Landhäusern und Bauernhöfen, verbunden mit kaum befahrbaren Straßen und erfüllt von einer Vielzahl ländlicher Gerüche.

Das geistliche Drama

Aber dennoch ist gerade dieses rückständige kleine Nest zu einer Art Mariopolis, einer lebendigen, rührigen und aktiven Stadt Mariens geworden. Seit jenem denkwürdigen, historischen Juninachmittag im Jahr 1981 hat Medjugorje auf Ströme von Pilgern von nah und fern wie ein Magnet gewirkt. Nach glaubwürdigen Schätzungen haben während der ersten 10 Jahre ungefähr 20 Millionen Pilger diesen kleinen Ort gleichsam überlaufen, unter ihnen etwa 30 000 Priester und Hunderte von Prälaten.

Dieser viele Völker umfassende Pilgerandrang bildet bei dem geistlichen Drama, das in Medjugorje wie auf einer großen Bühne aufgeführt wird, die Massenszenen im Hintergrund. Auf dieser Bühne spielen sich stets Akte der Heiligkeit, des Glaubens, des Gebetes, der Buße und des Friedens ab. Was sich dort ereignet, dringt in Millionen von Herzen ein, die sich von der Gnade Medjugorjes berühren lassen.

Um ein noch klareres Bild dieses heiligen Schauspiels zu gewinnen, müssen wir die historischen Abläufe des Dramas verdeutlichen, indem wir auf die Hauptereignisse und die immer breiter werdende Szenerie schauen. Wenn sich der Leser ein detailliertes Bild davon machen möchte, wird er es in solchen Büchern finden, die speziell den Hintergrund und die Chronologie der Ereignisse beschreiben. Hier mag es ausreichen, einen allgemeinen Abriß der Geschichte Medjugorjes zu geben.

Der Beginn des Aktes

Am Nachmittag des 24. Juni 1981 waren zwei Mädchen, Ivanka und Mirjana aus Medjugorje, im Alter zwischen 15 und 20 Jahren, auf einem Spaziergang über die niedrigen Hänge, welche ja seitdem als der Erscheinungsberg bekannt sind. Plötzlich sah Ivanka etwas erhöht auf der Hügelseite die Umrisse einer jungen Frau. "Schau," sagte sie, "es ist die Gospa!" (Gospa ist dort die gebräuchliche Bezeichnung für die

Gottesmutter). Erschrocken und verwirrt liefen beide zurück ins Dorf. Aber noch am selben Tag spürten sie den Drang, noch einmal an diese Stelle zurückzukehren. Dabei wurden sie von mehreren anderen Kindern begleitet. Wieder sahen alle die Erscheinung.

Am nächsten Tag machten sechs Kinder, vier Mädchen und zwei Jungen - zwischen 10 und 16 Jahren alt - die Erscheinung der Muttergottes etwas erhöht am Hügel aus. Viele Augenzeugen beobachteten, wie die Kinder, gleichsam wunderbar gezogen, in Rekordzeit zu ihrer Erscheinung eilten.

Diese sechs jungen Leute waren ausgewählt, die als Medjugorje-Seher bekannte Gruppe zu werden. Innerhalb weniger Tage bereits kamen große Menschenmengen an dem hügeligen Ort zusammen. Was sie anzog, war ein glänzendes, unirdisches Leuchten, das den ganzen Ort jeweils kurz vor den Erscheinungen überflutete.

Für und Wider

Die kommunistischen Behörden fürchteten ein religiös motiviertes Komplott, um Stimmung gegen die kroatische Regierung zu machen. Sie griffen daher schnell und brutal ein und versuchten, die ganze Sache zu zerschlagen. Die Seher wurden ständig belästigt und von der Polizei verfolgt, ebenso die Menschen, die ihnen glaubten. Am Erscheinungsberg wurden Kontrollschranken errichtet und von der Miliz bewacht. Die Regierung organisierte eine landesweite Medienkampagne, in der die Erscheinungen lächerlich gemacht und herabgesetzt wurden.

Den Gemeindepfarrer, P. Jozo Zovko, sperrte man mit der Begründung ein, gegen den Staat zu intrigieren und einen allgemeinen Umsturz vorzubereiten. In der Zwischenzeit fanden die täglichen Erscheinungen weiterhin statt, in Privathäusern, auf dem Feld, im Pfarrhaus, an jedem Ort, der sicher oder geschützt schien.

Schließlich mußte die Regierung erkennen, daß sie einen aussichtslosen Kampf führte und stellte sich auf eine Kompromißlösung ein: Die Erscheinungen sollten künftig im kirchlichen Bereich stattfinden, nicht unter freiem Himmel. Der Zweck dabei war, die Teilnahme großer Menschenscharen an den Erscheinungen unmöglich zu machen und diese in den liturgischen Bereich einzubinden. Aber gerade dadurch richtete sich der Glaube der Menschen und die marianische Verehrung in den kirchlich-sakramentalen Bereich, eine Entwicklung, wie sie besser nicht sein konnte.

Nach und nach sickerten Berichte von den Erscheinungen hinaus in die Welt; es war, als würden Schleusentore geöffnet: Filme wurden gedreht, Dokumentationen hergestellt, Journalisten, aber auch Theologen fanden reiches Material in den verblüffenden Ereignissen. Medizinische und andere wissenschaftliche Untersuchungen wurden von weltweit angereisten Spitzenfachleuten durchgeführt. Bald strömten Pilgerscharen von allen Enden der Erde nach Medjugorje.

Die Erscheinungserfahrung

Die Gottesmutter zeigt sich den Sehern als eine dreidimensionale Erscheiunung, die sie sehen, hören und berühren können. Sie berichten, daß ihr Kommen unmißverständlich durch ein glänzendes Leuchten angezeigt wird, aus dem sie hervortritt. Sie steht auf einer kleinen Wolke wie auf einem Podest, einige Meter von ihnen entfernt und wenig über der Fußbodenebene erhöht.

Die Mutter Jesu erscheint wie ein junges Mädchen von 18 oder 19 Jahren. Darüber sollten wir uns nicht wundern, denn durch ihre leibliche und seelische Aufnahme in den Himmel, mit der sie die Wiederherstellung ihres Menschseins in paradiesischem Zustand mit ihrem Sohn und wie er erfahren hat, ist sie nun mit ewiger Jugend ausgestattet.

Die Seher beschreiben sie als schön und strahlend in Heiligkeit. Sie ist dunkelhaarig, blauäugig und hat rosafarbene Wangen. Gewöhnlich ist sie in ein durchschimmerndes blaugraues Gewand gekleidet, mit einem fußlangen weißen Schleier und einer Krone von Sternen auf ihrem Kopf. Ihre ganze Erscheinung strömt mütterliche Liebe der zärtlichsten Art aus.

Bisweilen zeigt sich die Muttergottes mit dem Jesuskind auf dem Arm oder wird vom leidenden Christus des Karfreitags begleitet.

Noch häufiger ist sie von einer Schar von Engeln umgeben. Ebenso hat sie den Sehern Einblicke in den Himmel, die Hölle und das Fegefeuer gewährt, wie wir in den folgenden Kapiteln sehen werden.

Einmalig und bewegend

Es ist eine einmalige und bewegende Erfahrung, an einer Erscheinung mit den Sehern teilzunehmen, obgleich man auch auf einem Video-

Film einen guten Eindruck von dem gewinnen kann, was geschieht. Die Seher beginnen mit dem gemeinsam gesprochenen "Vater unser". Plötzlich unterbrechen sie ihr Gebet und fallen auf die Knie - alle absolut gleichzeitig: Die Gospa ist angekommen! Ihr aufwärts gerichteter Blick zeigt auf einen bestimmten Punkt; die für uns unsichtbare Anwesenheit der Gottesmutter, mit der sie lautlos reden, nimmt sie vollkommen in Anspruch, wobei ihre Gesichter den bei einem normalen Gespräch üblichen Ausdruck zeigen.

Zu einem bestimmten Zeitpunkt während der Erscheinung regt die heilige Jungfrau die Seher zu einem Gebet an, gewöhnlich zum "Vater unser", dessen erste Worte sie selbst anstimmt. Sie sprechen das Gebet laut mit ihr, wieder in vollkommener Übereinstimmung. Danach setzen sie ihr stilles Gespräch fort.

Während der Ekstase sind die Seher gegen jeden Berührungsreiz immun.

In der Anfangszeit dauerten die Erscheinungen meistens eine halbe Stunde oder länger, in der letzten Zeit jedoch selten länger als zwei oder drei Minuten.

Medizinische und wissenschaftliche Tests

Experten der Psychologie, der Psychotherapie, aber auch geistliche Theologen kommen in ihren gründlichen Untersuchungen zu dem einhelligen Ergebnis, daß die Seher vollkommen normale und ausgeglichene junge Menschen sind. Ein großes Testprogramm, das von medizinischen und natur- und geisteswissenschaftlichen Teams vorgenommen wird, befaßt sich mit der Auswertung alternativer Hypothesen im Umfeld dieses Phänomens. Die Testergebnisse schließen Aberglaube, Verstellung, Autosuggestion, Traum, Trance, Hypnose, Halluzination, Drogenwirkungen, Epilepsie, Katalepsie (Verkrampfung) und Manipulation durch Priester aus. Die Hypothese, daß teuflische Machenschaften bei den Ereignissen im Spiel seien, hat sich selbst vollkommen widerlegt durch die "heilige Explosion" von Bekehrungen und Umwandlungen unzähliger Seelen.

Die grundlegende Botschaft

Was in Medjugorje geschieht, ist ganz einfach dies, daß die "Panhagia", die all-heilige Mutter Gottes auf unerhörte Weise durch Ströme von Gnaden die Scharen ihrer Kinder mit ihrer Heiligkeit durchwirkt. Die Heiligkeit Mariens ist ein Widerschein der Heiligkeit ihres Sohnes, die sich in der Frohen Botschaft manifestiert und in den Lehren und Weisungen des Evangeliums interpretiert ist.

Aus dieser gleichen Quelle formte die Gottesmutter auch ihre Rufe zur Heiligkeit, welche die eigentliche Botschaft von Medjugorje ausmachen. Mit dieser grundlegenden Botschaft verkündet sie im weiten Sinn eine Zusammenfassung dessen, was Johannes der Täufer gepredigt hat. So war es denn auch folgerichtig sein Festtag, der 24. Juni 1981, an dem die erste Erscheinung stattfand.

Die Botschaft von Medjugorje umfaßt fünf Punkte:

1. Umkehr - Das steht einerseits für unsere vollkommene Hingabe an Gott und andererseits für die Reue über unsere Sünden und die Bereitschaft zur Wiedergutmachung.

2. Glaube - Er soll stark, aktiv, demütig, bedingungslos, überzeugend und vertrauensvoll sein.

3. Gebet - Es soll nicht nur regelmäßig, häufig und andächtig sein, sondern "von Herzen" kommen, verinnerlicht und aufrichtig. Das Rosenkranzgebet, das Glaubensbekenntnis und die heilige Eucharistie werden von der Muttergottes besonders hervorgehoben.

4. Buße - Gemeint ist die geistige Bereitschaft zur Selbstverleugnung und zur Abtötung, besonders bezogen auf das Fasten. Die Gottesmutter wünscht diese Abtötung besonders an Freitagen, aber auch mittwochs. Das beste Fasten, so sagt sie, geschieht mit Brot und Wasser. Dabei sind natürlich verschiedene Grade des Fastens zu beachten, je nach der Gesundheit, den Fähigkeiten oder den individuellen Umständen.

5. Frieden - Dies ist der Höhepunkt und die Krone der Botschaft, die uns von der Königin des Friedens gebracht wird. Das bedeutet zunächst ein vollkommenes Friedensbewußtsein in sich selbst, aber nach und nach beeinflußt eine sanfte Friedensdynamik jede Ebene menschlichen Lebens, ausgehend von unseren Familien bis in die internationalen Beziehungen hinein.

Die Botschaft ist wirksam

Was die Muttergottes verlangt, klingt nicht sanft und weich wie Musik, sondern eher hart und kompromißlos wie das Evangelium selbst. Doch lieblich und wunderbar versüßt ihre Medjugorje-Gnade die bittere Medizin auf eine höchst beglückende Weise. Millionen von gewöhnlichen Menschen, die mit der Verwirklichung der Botschaften Ernst machen, finden sie weniger schwierig als sie zunächst zu sein scheinen, im Gegenteil, sie fühlen sich gestärkt und angeregt - ein wahres Sakrament der Erneuerung.

Wie ist es anders zu erklären, daß sich viele Medjugorje-Verehrer -wie niemals zuvor- zum Gebet gedrängt fühlen, insbesondere zum Rosenkranzgebet und zur Eucharistie, daß sich ihr Glaube zu höherem Bewußtsein und größerer Intensität erhoben hat, daß sie sich gerufen fühlen, bei Werken des Dienens, der Selbstheiligung, des Apostolates im Sinne Gottes zu wachsen, daß sie sich nun wie kaum jemals zuvor eines inneren Friedens und eines großen Glückes im Herzen freuen und daß die Muttergottes ihnen eigentlich ein neues Leben und einen frischen Sinn für Sein und Ziel gegeben hat?

Die Botschaft ist universal

Die Botschaft der Muttergottes erreicht bei Menschen jeden Alters und Lebenshintergrundes solche Ergebnisse. Gerade junge Menschen bilden eines der beachtenswertesten und großartigsten Merkmale in Medjugorje; sie fühlen sich wie von einem Magneten hingezogen. Viele von ihnen verlassen Medjugorje, um seine Botschaft zur Melodie ihres ganzen Lebens werden zu lassen. Ein anderer überzeugender Aspekt Medjugorjes ist darin zu sehen, daß eine große Zahl von Drogenabhängigen, Alkoholikern, ebenso wie viele andere Außenseiter der heutigen Welt in der Botschaft Mariens einen sicheren Weg zur Heilung und zur Rehabilitation findet, nicht weniger als zur christlichen Heiligkeit.

Die Botschaft der Gottesmutter in Medjugorje ist auch nicht nur an Katholiken gerichtet, obwohl sie den Hauptteil der Pilgerscharen ausmachen. Menschen aller Glaubensrichtungen, Nicht-Christen eingeschlossen, scheinen dort instinktiv eine geistige Heimat zu finden. Diese Tatsache entspricht auch der Bekräftigung der Muttergottes von Medjugorje, daß jedes menschliche Wesen ohne Ausnahme ihr geliebtes Kind sei. Dementsprechend ermutigt sie uns, vor Angehörigen anderer Religionen die höchste Achtung zu haben, aber alles zu tun, in Liebe und Gebet mit ihnen voranzuschreiten. Dies ist auch in Übereinstimmung mit der Vision des II. Vatikanischen Konzils, das die ganze Menschheit als eine geistliche Einheit in Gott und vor Gott, unserem gemeinsamen Vater, entstehen sah.

Zusätzliche Botschaften

Außer der grundlegenden Botschaft, die an alle Menschen gerichtet ist, übergibt die Himmelskönigin in Medjugorje besondere Botschaften an ausgewählte Personen, wie etwa an den Heiligen Vater, den örtlichen Bischof, an Priester, die in der Pfarrei tätig sind, und natürlich an die Seher selbst.

Eine bedeutsame Entwicklung begann am 1. März 1984. Unsere Liebe Frau begann eine Serie von wöchentlichen Botschaften, die an jedem Donnerstag der Seherin Marija gegeben und von ihr übermittelt wurden. In diesen wöchentlichen Botschaften wendet sich Maria insbesondere an die Pfarrei, aber auch an Gläubige überall und verdeutlicht die Art und Weise, wie ihre grundsätzliche Botschaft im Leben verwirklicht werden kann. Im Januar 1987 verringerte sie die Botschaften an Marija von wöchentlichen auf monatliche, die sie jeweils am 25. des Monats gibt.

Weitere Botschaften, viele von der gleichen allgemeinen Art, werden den Sehern während der spät am Abend stattfindenden Erscheinungen auf den Bergen gegeben. Diese Begegnungen finden in der Regel montags und freitags statt.

Seit Dezember 1982 hat die Gottesmutter auch verschiedene Mitteilungen durch ein junges Mädchen namens Jelena gemacht, der sich im folgenden Jahr Mirjana anschloß. Dabei hören sie die "Anweisungen der Muttergottes", sehen diese aber nur innerlich "mit dem Herzen." Maria benutzt diese beiden Mädchen als Werkzeuge und Kanäle für eine vertiefte Wirksamkeit des Heiligen Geistes. Für die Empfangenden dieser inneren Mitteilungen hat damit eine tiefe und praktische Lehre über Gebet und geistliches Leben begonnen. Auf die Anweisung der Gottesmutter hin haben Jelena und Mirjana eine besondere Gebetsgruppe eingerichtet, die aus jungen Menschen -wie sie selbst- besteht. Eine ihrer wichtigsten Aufgaben ist es, als ein Modell und ein Beispiel zu wirken für ähnliche Gebetsgruppen überall auf der Erde.

Die zehn Geheimnisse

Jedem der sechs Seher hat die Königin der Propheten nach und nach zehn Geheimnisse offenbart, also prophetische Ankündigungen, die sich auf die Zukunft der Kirche und der Welt beziehen. Wenn für jeden von ihnen eines Tages die volle Zahl aller Geheimnisse mitgeteilt sein wird (was für Mirjana und Ivanka bereits erreicht ist), dann werden sie die Muttergottes nicht mehr jeden Tag sehen wie zuvor. Mit dem Abschluß der Erscheinungen werden diese zehnfachen Prophezeiungen erfüllt werden. Das einzige, was die Seher über diese Geheimnisse bekanntgeben dürfen, ist dies, daß sie sich größtenteils auf kommende Ereignisse in der Kirche und der Weltgeschichte beziehen, einschließlich göttlicher Warnungen und Strafen; ein weiteres Geheimnis (offenbar das dritte) betrifft das sogenannte "wunderbare Zeichen", das auf dem Erscheinungsberg als eine augenfällige und dauernde Bestätigung der Ereignisse von Medjugorje erscheinen soll.

Wunderbaren Ursprungs, sichtbar und unzerstörbar wird dieses Zeichen sein, so hat es die Gottesmutter versprochen, eine reiche Quelle der Gnaden und für viele Ungläubige ein Geschenk des Glaubens.

Die Seherin Mirjana wurde von der Madonna von Medjugorje ausdrücklich angewiesen, einem Priester ihrer Wahl (P. Petar Ljubicic OFM) den Inhalt des jeweils folgenden Geheimnisses zehn Tage vor seiner Erfüllung anzuvertrauen. Dieser soll sich während dreier Tage ganz zurückziehen und bei Brot und Wasser fasten; daraufhin soll er der Welt den Inhalt des Geheimnisses mitteilen.

Diese Anordnung wurde von der Gottesmutter als eine Form der Veröffentlichung geplant, dramatisch und sensationell in bezug auf Medjugorje, aber auch als machtvolle Rechtfertigung seiner Echtheit und seiner zwingenden Bedeutung für die Menschheit.

Körperliche Heilungen

In die Kategorie der "zweitrangigen Zeichen" sind die sehr erstaunlichen Fälle körperlicher Heilungen einzustufen, die mit Medjugorje verbunden sind. Sie gehen auf die erste Zeit der Erscheinungen zurück. Mehr als vierhundert besondere Fälle dieser Art sind in den Pfarrarchiven aktenkundig. Dank der Unterstützung von meist italienischen Ärzten besteht nunmehr in Medjugorje - ähnlich wie in Lourdes

- ein medizinisches Büro zur Ermittlung dieser Phänomene.
Um einige Beispiele anzuführen: Eine Italienerin, Maria Brumec, hatte viele Jahre im Krankenhaus verbracht. Sie litt an einem Verdichtungsbruch des elften Rückenwirbels und trug daher ständig eine Rückenklammer. Sie wurde am 8. August 1983 in Medjugorje auf der Stelle geheilt. Nachfolgende Röntgenuntersuchungen ihrer Wirbelsäule zeigten keine Spur einer Verletzung.
Noch bekannter wurde die Heilung einer anderen Italienerin, Diane Basile, am 23. Mai 1984. Im Alter von 32 Jahren erkrankte die Mutter von drei Kindern 1972 an multipler Sklerose mit unheilbaren organischen Schäden, vollständiger Erblindung des rechten Auges und Verschluß beider Ausscheidungsorgane. Sie wurde im Erscheinungszimmer augenblicklich geheilt, die Sehkraft des rechten Auges wurde vollständig wiederhergestellt und eine durch innere Vergiftung hervorgerufene Hautentzündung verschwand völlig.
Sehr bekannt ist auch die Heilung einer deutschen Krankenschwester, Agnes Heupel, im Jahre 1986. Neben einer durch Nervenschäden verursachten Lähmung der rechten Körperhälfte litt sie an einem Tumor in der Lunge und an quälenden Gesichtsschmerzen.

Die Haltung des Staates

Wie wir gesehen haben, versuchten die marxistischen Behörden ohne Erfolg, die Existenz dieses neugeborenen Medjugorje auszuschalten. Aber als sie erkannten, daß keine politische Bedrohung von dort ausging, nahmen sie Medjugorje als unerklärliches Phänomen und als gegeben hin. Außerdem bedeutete für sie Medjugorje, obgleich gegen die marxistische Ideologie eingestellt, eine fruchtbare Gans, die fortlaufend die goldensten Eier legte. Dazu trugen die ständig wachsenden Pilgerscharen bei, die zum Vorteil der leeren Landeskasse substantiell kräftige westliche Geldströme ins Land brachten.
Mitten im politischen Chaos als Folge der marxistischen Mißwirtschaft und des Auseinanderbrechens des Bundesstaates steht Medjugorje -mehr als je zuvor- als eine Zelle des Friedens, der Einigkeit und der Harmonie da, in einem Gebiet, das auf so tragische Weise durch ethnische, religiöse und politische Wirren zerrissen ist.

Die Haltung der Kirche

Zu Beginn des Jahres 1987 ist die formelle Untersuchung der Ereignisse von Medjugorje der gemeinsamen nationalen Bischofskonferenz durch Rom übertragen worden, deren Kommission unmittelbar dem Bischof von Mostar untersteht. Seit dem Spätjahr 1990 haben die Bischöfe des Landes deutliche Fortschritte im allgemeinen Prüfungsprozeß gemacht. Sie haben die Verehrung der Erscheinungen während der abendlichen Liturgie und das Gebet an den verschiedenen geheiligten Plätzen, wie etwa auf dem Erscheinungsberg, praktisch zugelassen. Sogar der Bischof von Mostar selbst, der in seiner ablehnenden Haltung gegenüber den Erscheinungen beharrt, hat gleichfalls bei der Abendliturgie als Hauptzelebrant teilgenommen.

Offizielle Pilgerfahrten wird es erst geben, wenn die Kirche ihre formelle Zustimmung für Medjugorje gegeben hat. Diese Einschränkung gilt aber nur für Repräsentanten der Amtskirche, wie etwa Diözesen oder Pfarreien. Uneingeschränkt legitimiert sind dagegen private Pilgerfahrten, bei denen die Pilger ja darüber informiert und darauf hingewiesen sind, ihr eigenes Urteil vollständig der noch ausstehenden endgültigen Entscheidung der Kirche zu unterstellen.

Innerhalb der ersten zehn Jahre von Medjugorje, waren Hunderte von Bischöfen und mindestens 30 000 Priester zusammen mit etwa 20 Millionen von Pilgern an solchen Wallfahrten beteiligt, die von nah und fern aufgrund privater Initiativen stattgefunden haben.

Es ist interessant, festzustellen, daß die behördliche Lehr-Autorität der Kirche hinsichtlich der Echtheit der Erscheinungen (wie etwa auch Lourdes oder Fatima) tatsächlich eine relativ hohe Toleranz zeigt. Weit davon entfernt, eine feierliche Aussage auf dogmatischer Ebene zu machen, läuft die Billigung von Erscheinungen einfach auf die kirchliche Erklärung hinaus, daß nichts, was gegen Glaube und Sittenlehre verstößt, gegen das dargestellte Ereignis eingewendet werden kann. Von daher sind Menschen, die von ihrem menschlichen Glauben motiviert werden, in ihrer Entscheidung frei, Pilgerfahrten nach Medjugorje zu unternehmen.

Ebenfalls bemerkenswert ist die wohlbekannte Tatsache, daß der Heilige Vater, während er die konventionellen kanonischen Untersuchungen erlaubt, um in der Angelegenheit voranzukommen, persönlich besonders positiv gegenüber Medjugorje eingestellt ist. Zahlreiche Bischöfe haben berichtet, daß er sie ermutigt habe, eine Pilgerfahrt dorthin zu machen und so an den unerschöpflichen Segnungen und Gnaden teilzuhaben.

Pilgererfahrungen

Pilger bezeugen wärmstens die einheitliche Atmosphäre von Glaube, Gebet, Frieden und Glück in Medjugorje. Zentrum und Symbol ist die doppeltürmige Kirche. Sie wurde von Franziskanern erbaut und ist dem heiligen Johannes geweiht. Sicherlich ist sie heute eines der meistfotografierten Gebäude der Welt. Ein anderes berühmtes Symbol auf der Medjugorje-Bühne ist der Erscheinungsberg, so genannt, weil er der Ort der ersten Erscheinungen ist. Dann ist dort auch der Kreuzberg (Krizevac); er bekam seinen Namen von dem massiven Steinkreuz, das von den Anwohnern 1933 auf dem Gipfel errichtet worden war, um das 19. Jahrhundert seit dem Tode des Erlösers zu kennzeichnen.

Tag und Nacht kann man Pilger beobachten, die ihren Weg auf und ab über diese beiden Hügel gehen. Die anstrengende Besteigung ist eine Übung der Buße und des Gebetes, insbesondere auf dem ausgetretenen, felsigen Pfad, der von den 14 Stationen des Kreuzwegs gesäumt wird. Dieser Pfad windet sich einige hundert Meter hinauf zur kreuzgekrönten Spitze des Krizevac.

Aber der eigentliche Mittelpunkt in Medjugorje ist unzweifelhaft die abendliche Messe, bei der die Kirche überfüllt ist, sodaß sich große Pilgerscharen draußen im Freien aufhalten müssen. Bei günstiger Witterung findet die heilige Feier unter einer großen Dachkonstruktion neben der Kirche statt. Rundum sind in der Form eines Amphitheaters Sitzplätze für etwa 5000 Menschen angeordnet. Bei diesen abendlichen heiligen Messen kommt es vor, daß 100 oder 150 Priester konzelebrieren.

Bleibende Eindrücke vermitteln ferner auch die langen Reihen von reuigen Sündern, denen gleichzeitg 50 oder mehr Priester die Beichte abnehmen. Voller Bewunderung bemerkt der Beobachter die bescheiden und demütig wirkenden franziskanischen Patres und Schwestern, wie sie ihren harten und anstrengenden Pflichten nacheilen im Dienst für die übergroßen, überquellenden Pilgerscharen.

Unvergeßlich sind der tiefe Glaube und die liebevolle Gastfreundschaft der Bewohner des Ortes, die bereitwillig für die materiellen Bedürfnisse der Pilger aus aller Welt sorgen.

Das Drama im Inneren

Soviel zu dem, was in Medjugorje selbst geschieht, auf dessen Bühne sich dieses ergreifende geistliche Drama abspielt. Sicherlich sind viele Geschehnisse in ihrer Bedeutung noch zu wenig erkannt, einschließlich des Auftretens wunderbarer Zeichen auf dem Erscheinungsberg.

Aber auf einer anderen Ebene, auf der Ebene des Geistes und des Herzens, wird das Drama von Medjugorje millionenfach realisiert in den Menschen selbst.

In der Tat, hier ist der Kernpunkt der Ereignisse zu sehen, in unserer eigenen inneren Welt des Glaubens und des Betens, der Bußfertigkeit und der Heiligkeit, der Gnade und des Friedens; in unserer inneren Welt, wo wir den Herrn im Tabernakel finden und im Bekenntnis preisen; in unserer inneren Welt, wo wir Gemeinschaft haben mit den heiligen Engeln und kämpfen gegen die gestürzten; in unserer eigenen Welt, in der wir die Geheimnisse finden wie Tod, Verdammung, Fegefeuer und Paradies.

Über all diesen Geheimnissen gibt Unsere Liebe Frau von Medjugorje ein leuchtendes Zeichen, indem sie uns fähig macht, all dies zu bewahren und zu hüten wie niemals zuvor.

Hier kommt René Laurentins Beobachtung über die Rolle der Muttergottes in Medjugorje zur Geltung. "Wir waren auf dem Weg ins Verderben," sagte er, "und deswegen war ein Zeichen nötig, um uns zu den längst vergessenen Wahrheiten zurückzuführen." Allerdings sind einige dieser Wahrheiten nicht nur in Vergessenheit geraten, sondern auch ernsthaft vernachlässigt worden und in Gefahr, letztlich geleugnet zu werden. Dies erklärt aber eben die Tatsache, warum die Königin der Propheten in Medjugorje ein Fanal entzündet hat, nämlich um unseren Glauben neu zu entfachen, indem sie in uns einen Lernprozeß über das Glaubensleben und über die traditionellen Glaubenswahrheiten in Gang setzt, Glaubenswahrheiten, die bei einer großen Zahl von Christen gefährlich verblaßt sind.

In den folgenden Kapiteln sollen im wesentlichen Reflexionen und Betrachtungen über eine Reihe dieser zentralen Glaubenswahrheiten folgen, die aus dem strahlenden Licht hervorleuchten, das die Königin des Friedens, die Gospa von Medjugorje, verströmt.

2. QUELLE DER GNADEN

Die besondere Bedeutung Mariens besteht darin, daß sie uns sowohl den Gott der Gnaden bringt als auch die Gnade Gottes. Sie, die Mutter des fleischgewordenen Wortes, ist auch die "Mutter jeder neuen Gnade, die das Menschengeschlecht erreicht," wie Hopkins es ausgedrückt hat. Folglich umfaßt Mariens Mutterschaft nicht nur den leiblichen Jesus, sondern auch seinen weltweiten mystischen Leib, der sich über alle Zeitalter erstreckt.

Was also ist dann Medjugorjes hervorzuhebende Bedeutung? Es ist einfach die Tatsache, daß die Mutter der göttlichen Gnade auf dramatische Weise dieses winzige, rückständige Dorf in ein geistliches Kraftwerk verwandelt hat, das Strahlen von hoher Energie zur Erneuerung der gerade heute so leidenden Kirche und Welt aussendet. Sie sagt dies entsprechend ja auch in ihren Botschaften. Die Gnadenkraft Medjugorjes bezeichnet sie mit Worten wie "großartig" und "besonders"; den Ort selbst kennzeichnet sie ale eine "Quelle der Gnaden" (15.11.1984, 25.3. 1987, 13.11.1986).

Aber selbst wenn die Gottesmutter uns nicht auf die gnadenspendende Rolle Medjugorjes aufmerksam machte, würde dies in jeder Art seiner geistlichen Früchte offenbar. Diese sind ganz außerordentlich. Es ist fast unmöglich, passende Worte zu finden, um die steile Aufwärtsentwicklung der Qualität des inneren Reichtums von Medjugorje zu beschreiben. Es ist eine Goldmine der Gnaden, die die Königin des Friedens zwischen diesen kroatischen Hügeln errichtet hat.

Fülle der Gnaden

Das Wirken der Gnade ist in Medjugorje allgegenwärtig. In vielfältigster Form erkennt man ihre Zeichen, ihre Bestrebungen, ihre Gelegenheiten, ihre Siege. Betrachten wir zunächst die sakramentale Gnade. Denken wir an die gewaltige Zahl von Bekehrungen, die sich dort ereignet haben, bei denen sich in jedem einzelnen Fall heilende Strahlen der Gnade in das reuige Bewußtsein ergossen haben, Gnaden, die die Schuld tilgten und die Vorsätze stärkten. Denken wir ferner an die Gnadenfülle, die aus den Hunderttausenden von heiligen Meßopfern erblüht, die von Pilgerpriestern in Medjugorje gefeiert werden. Viele

Millionen von heiligen Kommunionen wurden und werden ausgeteilt. So ist die eucharistische Gnade überreich, und sie wird noch vergrößert durch die zahllosen Menschen, die ihre Zeit zur Anbetung vor dem Allerheiligsten verbringen. Gerade diese Anbetung liegt der Mutter des eucharistischen Herrn besonders am Herzen. Sie sagt uns ja durch die Seher immer wieder, daß sie in dieser heiligen Atmosphäre immer da ist, und daß dabei "besondere Gnaden erlangt werden." (15.3.1984). Ganz besondere Gnaden in bezug auf das Rosenkranzgebet hat sie uns viele Male versprochen. Gewaltige Gnadenströme fließen aus dem unablässigen Beten des Rosenkranzes bei den großen Pilgermassen. Nicht zu übersehen sind aber auch die unzähligen Beter, die mit reichen Gnaden gesegnet werden, weil sie die oft wiederholte Bitte Unserer Lieben Frau erfüllen, daß das Gebet, das wahre, aus dem Herzen emporsteigende Beten uns unaufhörlich bewegen solle. Über das Gebet hinaus legt uns Maria sanft, aber eindringlich das Fasten, die Buße und die Wiedergutmachung unserer Fehler ans Herz. Wie viele mutige und großzügige Opfer und Verzichte hat dies bei ihren treuen Kindern bewirkt! Hier ist auch eine freudige und bereitwillige Annahme des heiligen Willens Gottes zu bemerken, die die Gnade bei so vielen Leidenden und Kreuztragenden verursacht, indem sie sie immer tiefer in die unschätzbaren Geheimnisse der Vereinigung mit dem gekreuzigten Jesus führt.

Noch mehr Gnadenfülle

Denken wir an die millionenfachen Erleuchtungen, Inspirationen, Ermutigungen und guten Vorsätze, die der Gnade von Medjugorje bei unzähligen Pilgern zu verdanken sind. Sehr eindrucksvoll erscheint in diesem Zusammenhang die ungewöhnliche Wirkung dieser geistlichen Goldgrube der Gottesmutter auf unzählige junge Menschen. In einer ganzen Reihe von Erfahrungen lernen sie dort -wie nirgends und niemals zuvor- erkennen, was die Fülle der Gnade des Glaubens bedeutet, einer Gnade, die von ihrem Urheber und Vollender Jesus, dem Sohn der Jungfrau Maria, kommt (vgl. Hebr. 12.2). In diesem Zusammenhang sind ferner jene Tausende von Priestern zu erwähnen, die so große Gnaden von der Mutter des höchsten Priesters empfangen haben. Sie rüttelt sie auf, um in ihnen wieder das Bewußtsein zu festigen über die Gaben, die sie bei ihrer Priesterweihe empfingen. Zugleich feuert sie auf besondere Weise diese schwachen und zerbrechlichen Gefäße, die sie ja bleiben, an, heilige und eifrige Diener Jesu zu sein, des Meisters der Apostel und Liebhabers der Seelen. Als besondere Gnade sind aber die außerordentlichen täglichen Erscheinungen anzusehen, durch die Maria zu Anfang das Aufblühen des Medjugorje-Phänomens bewirkte und über all die Jahre aufrecht erhält. Diese Erscheinungen übersteigen alles Vergleichbare in der Kirchengeschichte. Das gilt auch für all die vielen Gnaden, so sagte es die Muttergottes den Sehern, welche diese selbst und all die anderen Menschen durch Medjugorje erhalten (7.5.1985). Außergewöhnlich ist die Gnade, die die Seher empfangen haben, nämlich das Charisma, sie, die Königin des Friedens, täglich sehen zu können, sich mit ihr zu unterhalten und dann als Vermittler ihrer Botschaften zu handeln.

Botschaften und Zeichen

Die Botschaften, die zuerst in wöchentlicher, dann in monatlicher Folge von der Gottesmutter gegeben werden, stellen eine Gnade von übernatürlicher Qualität dar. In den Annalen der Geschichte findet sich, wie sie selbst ausdrücklich erklärt hat, kein Fall vergleichbarer Art. Die Zusammenfassung all der Gnaden Medjugorjes wäre aber unvollständig, ohne die vielen wunderbaren und zweifelsfrei dokumentierten Heilungen einzuschließen, die sich dort ereignen. Darüber hinaus ist Medjugorje mit einer erstaunlichen Gnade gesegnet, für die es in der Geschichte ebenfalls keinen Präzedenzfall gibt, nämlich die wunderbare Anhäufung von Zeichen, bei denen die Sonne, der Mond, die Sterne sich drehten, auch das Kreuz auf dem Krizevac. Diese alles in allem unerhörten Wunderzeichen sind zwar "zweitrangige Zeichen", aber sie sind gegeben, um die Echtheit der Erscheinungen zu erweisen und um die Notwendigkeit ihrer grundlegenden Botschaft begreiflich zu machen.

Die Quelle der Gnaden

Aus dieser Sicht der Dinge in Medjugorje wird offensichtlich, daß unsere himmlische Mutter den Jakobsbrunnen im Sinn hat, den das Johannesevangelium ausführlich beschreibt. Dort war es ja, wo unser Herr über die göttliche Gnade unter dem traditionellen biblischen Symbolismus des Wassers sprach. "Das Wasser, das ich den Menschen gebe," sagt er, "wird eine Quelle der Gnade in ihnen sein, die ständig fließt, um sie zum ewigen Leben zu führen." (Joh. 4,11).

In diesen Zusammenhang gehört auch das Gespräch des Erlösers mit der Samariterin. Diese Frau steht stellvertretend für uns selbst und für unser Bedürfnis nach Gnade. "Wenn ihr doch die Gnade Gottes erkennen würdet!" Ja tatsächlich, wenn wir doch vollkommen erkennen würden, was für ein goldenes Geschenk Medjugorje ist - eine Quelle göttlicher Gnaden! Wenn wir doch diesem Geschenk die ihm gebührende Beachtung schenken würden, nach allen unseren Kräften!

Verblüffend ist die Tatsache, daß die Rolle Medjugorjes als einer fließenden Gnadenquelle in einer Aussage von Schwester Briege McKenna, der bekannten Wanderpredigerin und Glaubenserneuerin, vorhergesagt wurde, und zwar einige Monate, bevor die Erscheinungen im Juni 1981 begannen. Während sie über P. Tomislav Vlasic betete, hatte sie eine visionäre Erscheinung, die sie gewöhnlich bei solchen Gelegenheiten bekommt, eine geistige Schau. Für den Pater enthielt diese Vision eine wichtige Botschaft für sein geistliches Leben und Arbeiten. Die Vision zeigte P. Vlasic, wie er in einer vollgefüllten zweitürmigen Kirche saß (nämlich in der von Medjugorje bis ins Detail, wie sich später herausstellte). Ein starker Wasserstrahl strömte aus dem Heiligtum, und die Menschen kamen, um mit bloßen Händen davon zu trinken; daraufhin eilten sie nach draußen, um andere zu erreichen, sodaß auch diese kommen und an dem erfrischenden Wasser Anteil haben konnten. Dieser heiligmäßige Priester war bestimmt, im Drama von Medjugorje eine führende Rolle zu spielen, als er einige Monate später unerwartet dorthin versetzt wurde, um an die Stelle des damals eingesperrten P. Zovko zu treten.

Gottes Leben in uns

"Gott gibt euch große Gnaden," sagte die Muttergottes in einer früheren Botschaft, "aber ihr begreift sie nicht. Betet darum zum Heiligen Geist um Erleuchtung!" (8.11.1984).

Die Erleuchtung, derer wir bedürfen, ist nicht beschränkt in bezug auf die Gnaden von Medjugorje, sondern bezieht sich auf die Gnade an sich, ihre Natur, ihren Zweck, ihre Aufgabe. Nur mit ihr werden wir in der Lage sein, den Wunsch unserer himmlischen Mutter zu erfüllen, daß wir dankbar sind für die "Großartigkeit des Lebens," das Gott uns

schenkt. (25.5.1989). Der Schlüssel zum Geheimnis der Gnade liegt in dem Wort "Leben".
Das bedeutet buchstäblich: Gottes Leben in uns. Dies kommt auch zum Ausdruck in dem Artikel des Glaubensbekenntnisses, wenn wir beten: "Ich glaube an den Heiligen Geist, den Herrn und Lebensspender." Durch die heiligmachende Gnade erhebt der barmherzige Gott uns, aber auch alles, was wir sind und was wir tun, zu einer übernatürlichen Höhe, die sich an ihrer endgültigen Erfüllung orientiert, nämlich dem ewigen Leben im Paradies. Wenn wir uns dem Geist Gottes überlassen, der unsere Verbindung zu diesem übernatürlichen Leben ist, dann schenkt er sich uns selbst, unverdient und in der Fülle der Gnade. Der heilige Petrus faßt das in den Satz zusammen: "Durch die Gnaden, die uns für das Leben und die Heiligkeit bereit machen..., teilen wir die göttliche Natur." (2. Petr. 1,4).
Es ist dann kein Wunder, daß dieses grundlegende Geheimnis von Gottes eigenem Leben, an dem wir Menschen Anteil erhalten, in einem so großartigen Rahmen durch die gnadenvolle Mutter der göttlichen Gnade übergeben wird, die nach der Konstitution des II. Vatikanischen Konzils "der Welt ihn, der das Leben selbst ist, gab." In der Tat ist der tiefste Grund, aus dem sie zu uns als Unsere Liebe Frau von Medjugorje kommt, die Stärkung unseres Bewußtseins, daß wir das Leben ihres Sohnes in uns haben und es in Fülle haben. (Vgl. Joh. 10,10).

Die übernatürliche Ausstattung

Man kann die Gnade in einem allgemeinen Sinn als eine einfache theologische Kurzformel für die umfassende übernatürliche Ausstattung bezeichnen, die uns Gott bei der Taufe verleiht. Wie es eine Dreifaltigkeit der drei göttlichen Personen gibt, so befähigt uns auch die Gnade auf übernatürliche und ganz persönliche Weise, uns mit diesem dreieinigen Gott auf drei lebensspendenden Wegen zu verbinden: Wir können Gott durch den Glauben erkennen, wir können mit absoluter Sicherheit durch die Hoffnung auf seine Barmherzigkeit vertrauen und wir können durch die barmherzige Liebe Gottes ihn lieben und unseren Nächsten wie uns selbst.
Diese dreifache Kraft, die die heiligmachende Gnade bewirkt, kann als theologische Tugend bezeichnet werden. Aber darüberhinaus empfangen wir noch weitere Tugendausstattungen, die uns auf jeweils beson-

dere Weise helfen, unserer hohen moralischen Berufung zu entsprechen, nämlich als christusähnliche Brüder und Schwestern des fleischgewordenen Wortes zu leben.

Diese Gnadenausstattung wird schließlich ergänzt durch die sieben Gaben des Heiligen Geistes. Durch sie werden wir für das Licht und den Beistand des Heiligen Geistes aufnahmefähig gemacht. Mit diesen besonderen Gaben wird die Seele, wie es uns durch das Leben der Heiligen leuchtend vor Augen geführt wird, geistlich bereitet und gnadenhaft befähigt für die Erleuchtung und den Beistand des Heiligen Geistes.

Eindringlich weist die Muttergottes darauf hin, wie notwendig die Gaben des Geistes für uns sind, damit wir ihre Gegenwart in Medjugorje wirksam bezeugen und die wunderbaren geistlichen Wohltaten erkennen können, die sie uns dort vermittelt. (17.4.1986).

Die aktuelle Gnade

Im Licht solcher Erkenntnis können wir immer besser begreifen, was die Mutter des Herrn mit der großen Bedeutung der Gnade sagen will; denn sie heiligt uns und erhebt uns in die Ebene von Gottes eigenem Leben, in die Sphäre Christi. Überdies stattet uns die Gnade mit einer bemerkenswerten Fülle von Lebenskräften und Fähigkeiten aus, die es uns ermöglichen, schon hier auf Erden im übernatürlichen, ewigen Reich Gottes zu leben, uns zu bewegen und zu sein. (Vgl. Apg. 17,28).

Alle diese vorgenannten Elemente machen in uns lebendig, was als eine Ausstattung mit übernatürlichem Leben beschrieben werden kann. Aber um wirksam werden zu können, bedarf diese Ausstattung eines Auslösers, einer Aktivierung, eines Antriebs.

Das aber ist die Wirkung der sogenannten aktuellen Gnade. Sie wirkt aus jenen zahllosen alltäglichen Anregungen, die Gott unserem Verstand und unserem Willen schenkt, um uns anzuregen, wie Christus selbst zu denken, zu reden und zu handeln. "Ohne mich," sagt unser Herr, "könnt ihr nichts tun." (Joh. 15,5).

Dieses Wort Jesu bekräftigt die absolute Notwendigkeit der aktuellen oder helfenden Gnade für jeden einzelnen Menschen und für jeden heilswirksamen Akt. Auf diesen Punkt weist auch Paulus hin, wenn er schreibt: "Gott ist es, der in euch das Wollen und das Vollbringen bewirkt." (Phil. 2,13).

Tempel der Dreifaltigkeit

Was wir bis hierher betrachtet haben, könnte man die "geschaffene" Gnade nennen, ein göttliches Meisterwerk von ungeheurer Größe. Viel größer noch ist aber ein weiteres Geschenk, das Gott uns mit der heiligmachenden Gnade macht. Sie ist die "ungeschaffene" Gnade, weil sie im Wesen des allmächtigen Schöpfers selbst wohnt. Das bedeutet, daß der dreifaltige Gott tatsächlich selbst in unserer Seele Wohnung nimmt. Dadurch werden wir zu lebendigen Tempeln Gottes, zu Heiligtümern der göttlichen Dreifaltigkeit aus Fleisch und Blut. Dieses Geheimnis wurde von unserem Herrn selbst geoffenbart, als er sagte: "Wenn jemand mich liebt, werden mein Vater und ich ihn lieben, und wir werden zu ihm kommen und Wohnung bei ihm nehmen." (Joh. 14,23). Der heilige Paulus gab diesem großen Geheimnis besonderes Gewicht. Er schrieb: "Wißt ihr nicht, daß ihr Tempel Gottes seid und der Geist Gottes in euch wohnt?" (1 Kor. 3,16).

Der Wert der Gnade

"Das ganze geschaffene Universum und alles, was in ihm ist," erklärt der heilige Thomas, "ist in den Augen Gottes geringer als die vorhandene Gnade in jedem Menschen." Der Grund dafür ist ganz offenkundig: Durch die Gnade Gottes ist die ganze Persönlichkeit Gott geweiht, weil sie in einen lebendigen Schrein für den dreieinigen Gott umgewandelt wird.

Wer doch dieses Geschenk Gottes begreifen könnte! "Wer Gott in seinem Herzen trägt," sagt der heilige Alphons, "trägt in sich sein Paradies, wo immer er hingeht." Durch die Gnade werden wir zu Erben des Reiches Gottes und besitzen in ihr himmlische Schätze. Aber beachten wir auch die Mahnung des Apostels Paulus: "Wir tragen die Schätze des Himmels in einem zerbrechlichen Tonkrug, der wir selber sind." (2 Kor. 4,7).

Die Mahnung wird immer und immer wieder von der Gottesmutter in Medjugorje wiederholt. Sie ruft uns deshalb zum Gebet auf und zur ständigen Wachsamkeit gegenüber den feingesponnenen Schlingen des Teufels. Sie fordert uns aber auch auf, regelmäßig zur Beichte zu gehen, dieser reichen Quelle sakramentaler Gnade, die uns reinigt und stärkt. Vor allem will sie uns zu den Geheimnissen der Eucharistie führen, wo, wie sie sagt, Gnaden in besonderer Fülle bereitet sind. (15.3.1984).

In der Tat: In Medjugorje ist alles bereitet, um uns geistlich wachsen zu lassen, was ja ein Wachsen in der Gnade bedeutet.

Die Mutter der göttlichen Gnade wünscht sehnlich, daß wir, um mit den Worten des heiligen Petrus zu sprechen, "in der Gnade wachsen und in der Erkenntnis unseres Herrn Jesus Christus." (2 Petr. 3,18). Und ebenso ist es ihr innigster Wunsch, daß wir, wie der Apostel Paulus sagt, "mit der ganzen Fülle, die Gott schenkt, erfüllt werden." (Eph. 3,19).

Die Schönheit der Gnade

Eine weitere Frucht der Gnade, die in den Botschaften der Muttergottes große Bedeutung hat, ist Schönheit. Sie sagt zum Beispiel: "Betet, um die Größe und die Schönheit des Lebens zu entdecken, das Gott euch gibt!" (25.5.1989). Ein anderes Beispiel: "Ich wünsche euch in Heiligkeit zu kleiden..., sodaß ihr von Tag zu Tag schöner werdet." (24.10.1985). "Wenn ihr betet, werdet ihr viel schöner!" (18.12.1986). Das stimmt mit dem überein, was die überlieferte Theologie zu diesem Thema aussagt. So beschreibt der heilige Thomas von Aquin die Gnade als "eine wahre Schönheit der Seele, die die göttliche Liebe gewinnt." Und so ist die Gnade die strahlende Widerspiegelung in der menschlichen Seele, ein Spiegelbild von dem, was der heilige Augustinus als "die höchste Lieblichkeit, die ungeschaffene Schönheit, die ursprüngliche Schönheit" rühmt.

Der heilige Ambrosius von Mailand, von dem der heilige Augustinus vieles für seine theologischen Erkenntnisse übernommen hat, verglich Gott gern mit einem großartigen Künstler, dessen großartige Arbeiten mit der Gnade reine Meisterwerke in unserer Seele hervorbringen, lieblich und unbeschreiblich. Für den heiligen Thomas wirkt die Gnade wie ein Licht, das den menschlichen Geist überströmt und ihn mit himmlischer Schönheit verklärt.

Betrachtung der Schönheit

Natürlich können wir die übernatürliche Schönheit der Gnade, die uns Gott schenkt, ebensowenig sinnenhaft erkennen wie ihre ordnende Wirkung auf unsere Lebenskräfte und ihre dynamischen Kräfte in uns selbst. Alle diese Wirklichkeiten bleiben unter dem Schleier des Glaubens verborgen.

Aber es gibt eine Reihe von Mystikern, die den Vorzug hatten, einen Blick hinter diesen Schleier auf die Welt des Übernatürlichen zu werfen, und ihr Zeugnis in bezug auf die Gnade stimmt vollkommen überein mit der allgemeinen Lehre von diesem Glaubensgegenstand. So hat zum Beispiel die heilige Katharina von Siena berichtet, daß sie anfangs überhaupt nicht fähig war, zu begreifen, warum Gott so viel für die elenden, sündigen Menschen getan und gelitten hat. Daraufhin, so fährt sie fort, erschien ihr der Herr und ließ sie mit ihren eigenen Augen die Schönheit einer Seele im Gnadenzustand schauen. "Sieh," sagte er, "war mein Leben, Leiden und Sterben nicht eines so unerreichbar Schönen wert?" Schwester Maria Magdalena von Pazzi gibt ein ähnliches Zeugnis. "Wenn wir vollkommen und klar die überwältigende Schönheit einer Seele im Zustand de Gnade betrachten könnten," erklärt sie, "dann würden wir sicherlich vor Freude sterben." Die Schönheit der Heiligkeit, die die Gnade bewirkt, wenn sie ihren Ausdruck in der Nächstenliebe findet, wurde von der Gospa bestätigt, als sie von der kleinen Jelena gefragt wurde, warum sie so schön sei. Sie erklärte: "Ich bin schön, weil ich voll von Liebe bin. Wenn du schön sein willst, dann liebe!" (25.1.1985).

Wie wir also sehen, ist diese Schönheit ein Spiegelbild des in menschlichen Tempeln wohnenden dreifaltigen Gottes, der die ungeschaffene Schönheit selbst ist, wie Hopkins es beschreibt, "das Sein und der Geber der Schönheit." In einem Wort: Es ist die Schönheit der Mariengleichheit, die Glut der Unbeflecktheit, die aus ihr hervorstrahlt, die die Mutter des lebensspendenden Gottes und des Gnadenlebens Gottes ist.

Mutter der göttlichen Gnade

Dieser Titel macht die Rolle der Muttergottes in Medjugorje deutlich klar. Wie sie unserer Welt den Urheber und die Quelle allen Lebens geschenkt hat, so gibt sie auch sein göttliches Leben der Welt. Sie handelt damit in ihrer Aufgabe als Mutter aller Menschenkinder und auch als Mutter ihres Schöpfers und Herrn. "Ich will euch beschützen," so hat sie uns in Medjugorje deutlich gemacht, "und durch euch die ganze Welt." (30.7. 1987). Die Gnade von Medjugorje ist, anders ausgedrückt, bedeutend, weil sie universell vermittelt wird, ebenso wie die Mutterschaft Mariens selbst. In einer ihrer Botschaften erklärt die Muttergottes: "Ich bin die Mittlerin zwischen euch und eurem Gott."

(17.7.1986). Damit bekräftigt sie ihre geistige Mutterschaft in bezug auf die Gnade und ihre damit verbundene Rolle als Bindeglied ("Mediatrix") für die Austeilung aller Gnaden. "Nichts wird aus Gottes großartiger Schatzkammer gegeben als durch Maria," schrieb Leo XIII. Damit wiederholte er nur die Überzeugung einer langen Reihe von Heiligen und Theologen über die Jahrhunderte hinweg. Der Sinn dieser Aussage ist, daß alle Gnaden Gottes nur durch die mütterliche und fürsprechende Mitwirkung Mariens verliehen werden.
So sind alle Gnaden marianisch. Von unserer Taufe an hat jede Gnade, die uns während unseres ganzen Lebens geschenkt wird, in Maria ihren Bezugspunkt und duftet durch den Wohlgeruch ihrer Heiligkeit. Jedes Tröpfchen aus dieser mächtigen Gnadenquelle Gottes, die in Medjugorje für die geistig vertrocknete Welt fließt, kommt durch seine heilige Mutter.
Um es auch anders auszudrücken: Diejenige, die Mutter des Erlösers wurde, ist nun auch die geistige Mutter seines mystischen Leibes. Auf jedes einzelne Glied dieses Leibes übt sie ihre von Gott gegebene mütterliche Rolle aus. Als Mutter der göttlichen Gnade bereitet sie seine Geburt in unseren Seelen zunächst durch die Taufe vor, und dann nährt und schützt sie dieses kostbare göttliche Leben in uns, solange wir leben.
Hopkins drückt es so aus: "Maria schafft in uns neue Bethlehems und Nazareths."
Wir müssen allerdings auch hinzufügen, daß durch die allerseligste Jungfrau auch neue Kalvarienberge in uns geschaffen werden; denn sie wacht und betet immerfort als liebevolle Mutter über den Sterbebetten ihrer gläubigen Kinder. Sie ist es, die uns die "große Gnade der Beharrlichkeit" gewinnt, wie es das Konzil von Trient lehrt, insbesondere die Gnade eines seligen Todes in der Freundschaft und im Frieden ihres Sohnes.

Die Gnade weitet den Horizont

Noch ein anderer Aspekt taucht besonders eindrucksvoll und ansprechend in den Botschaften der Muttergottes auf. Er beruht auf der sozialen und gemeinschaftsbildenden Qualität der Gnade. Darunter ist zu verstehen, daß das gemeinsame übernatürliche Leben uns zu Brüdern und Schwestern in Christus macht, indem es uns mit einem Raum und

Zeit übergreifenden großen Gefühl der Zusammengehörigkeit verbindet. Damit ist auch der mystische Leib Christi zu umschreiben - eine geistliche Unermeßlichkeit, die sich über die ganze Erde ausbreitet und alle Zeitalter überspannt.

Zu diesem mystischen Leib Christi gehören aber auch die Seelen im Fegefeuer sowie die Engel und Heiligen im Himmel, die das übernatürliche Leben in Fülle besitzen. Die Liebe zum Nächsten, die alle Christgläubigen zu einem lebendigen Netz von zwischenmenschlichen Beziehungen verknüpft, schafft diese wundervolle Wirklichkeit, die wir als die Gemeinschaft der Heiligen bezeichnen. Alle ihre Glieder, seien sie auf Erden, im Fegefeuer oder im Himmel, haben Anteil an dem reichen Schatz der Verdienste, die uns der Erlöser erworben hat, seine Mutter, seine Martyrer und die unzähligen Heiligen durch alle Jahrhunderte hindurch. Gebet und Opfer, aber auch unsere guten Werke können zum Segen für andere verwendet werden. Weil die Muttergottes die Heilswirksamkeit dieser Tugenden kennt, bittet sie in Medjugorje um unsere bereitwillige Mitwirkung an ihrem Werk für die Seelen und wiederholt immer wieder: "Ich brauche eure Gebete und Opfer." (10.10.1990).

Die Antwort auf seiten der Seher ist großartig gewesen. Mirjana zum Beispiel sieht es als ihre besondere Aufgabe an, für die Bekehrung der Ungläubigen zu beten und bringt dafür große Opfer. (15.3.1991). Vicka wurde von der heiligen Jungfrau ausdrücklich eingeladen, ihre Schmerzen für die Bekehrung der Sünder aufzuopfern, wie aus ihrem berühmten Interview mit P. Janko Bubalo hervorgeht.

Aufregende Ausblicke

Auf ähnliche Weise stellt die Königin des Friedens Verbindungen her zwischen uns und den Wirklichkeiten des Fegefeuers und des Himmels. Tatsächlich brachte sie uns bei einer bestimmten Gelegenheit (6.11.1986) diese Gedanken nahe, indem sie drängte, täglich zu beten und Opfer für die Armen Seelen zu bringen, aber gleichzeitig betonte, daß wir selbst auf diese Weise neue Fürsprecher für uns im Himmel finden. So lenkt die himmlische Mutter unseren Blick über den engen Horizont unseres persönlichen Lebens hinaus auf die glückliche Gewißheit der Gemeinschaft mit den Heiligen. Wir lernen ferner von ihr, daß unsere eigenen Sehnsüchte lebendig verknüpft sind mit denen unserer Brüder und Schwestern auf beiden Seiten des Grabes und daß wir Kanäle der Gnade zu ihrer Hilfe und zu ihrem Heil werden können.

Unsere Liebe Frau hat auch betont, daß es wenig Bedeutung hat, wie gering oder unbedeutend jemand ist, wie klein und schwach er sich fühlen mag. Jeder einzelne spielt eine Rolle im Plan Gottes, indem er das tut, was seinen Fähigkeiten entspricht. (30.10.1985).
Man denke hier an auserwählte Seelen wie Georgette Faniel. Ans Krankenbett gefesselt bringt sie, indem sie ihr Leiden mit dem des Erlösers verbindet, mächtige Gnadenkräfte auf, um Gottes Licht und Wärme in die Seelen strömen zu lassen, insbesondere in ihrem geliebten Medjugorje, in die Seelen des Bischofs, der Priester, der Seher, der Pilger und der weltweiten Gemeinschaft der Anhänger und Verehrer.

Abschließendes Gebet zur Gospa

O Gospa von Medjugorje, tritt ständig für uns bei deinem Sohn ein, von dessen Fülle wir alle Gnade über Gnade empfangen. Wir danken dir, Mutter der göttlichen Gnade, für die goldenen Schätze, die du uns durch Medjugorje schenkst. Mögen wir uns ihnen gläubig öffnen und sie bereitwillig mit anderen teilen! Erwirb für uns, liebste Mutter Maria, die Gnade einer tiefen Verehrung deines Sohnes im Eucharistischen Geheimnis und seiner fortdauernden Anwesenheit in unseren Tabernakeln. Du, die du ganz voller Gnade und überirdisch schön bist, entzünde die Flammen, die Liebesflammen von Hingabe und Eifer, die in die Seelen deiner Priester am Tag ihrer Priesterweihe gelegt wurden. Feure deine Priester an, du Königin des heiligen Rosenkranzes, andere zur Hochschätzung des Rosenkranzes anzuleiten und zu entflammen - dieser reichen Quelle göttlicher Gnaden! Bewahre in deiner besonderen und liebenden Fürsorge, o, heilige Muttergottes, alle Pilgerströme von nah und fern, die mit den Gnaden von Medjugorje bereichert wurden. Segne alle, die das gläubig annehmen, was du dort an jener Quelle der Gnade tust, die deinen Frieden ausstrahlt.

Bitte für uns Sünder, du unbefleckt Empfangene, jetzt in diesem Augenblick, an diesem Tag, der vorübergeht. Wandle das Einerlei der täglichen Pflichten und Aufgaben um in das Gold von Gnade und Verdienst. Bitte für uns, die du das Tor zum Himmel bist, in der Stunde unseres Todes und geleite uns sicher zum Reich Gottes, wo die Gnade in Glorie verwandelt wird.

3. SCHULE DER HEILIGKEIT

Gleich zu Beginn ihrer Erscheinungen in Medjugorje hat sich unsere himmlische Mutter an die ganze Welt und an jeden einzelnen von uns mit einem besonderen Aufruf gewandt, mit dem Aufruf zur Heiligkeit. Sie tut dies als die Königin der Propheten, d.h. sie spricht im Namen Gottes. Dabei spricht sie nicht nur als das Sprachrohr Gottes, dessen Befehle von ihr beachtet und befolgt werden müssen, sondern als seine Mutter. "Weil er selbst heilig ist, hat er uns ermutigt, Heiligkeit zu unserem Ziel zu machen." Nun erinnert uns seine sündenlose Mutter in Medjugorje an diesen göttlichen Auftrag.

Zu diesem Thema kehrt sie immer wieder zurück. In der Tat geht die "Heiligkeit" durch alle ihre Botschaften wie ein Leitfaden, das wissen wir durch die Bezeugung aller Seher. Um ein paar Beispiele zu nennen:

* "Liebe Kinder, ihr wißt, daß ich zu euerem Heil hier bleibe, damit ich euch lehren kann, Fortschritte auf dem Weg der Heiligkeit zu machen." (1.1.1987).

* "Liebe Kinder, wenn ihr die Botschaften lebt, bringt ihr die Saat der Heiligkeit zum Leben." (10.10.1985).

* "Liebe Kinder, ich wünsche euch auf den Weg der Heiligkeit zu führen." (9.10.1985).

* "Liebe Kinder, von Tag zu Tag wünsche ich, euch in Heiligkeit zu kleiden, damit ihr immer schöner werdet und besser auf eueren Herrn vorbereitet seid." (24.10.1985).

Medjugorjes geistliche Früchte

Die Antwort auf den Ruf der Muttergottes zur Heiligkeit kann nicht mit der Kürze einer Gefühlsregung gegeben werden. Medjugorje bringt geistliche Früchte in einer solchen Fülle hervor, daß wir von diesem Gnadenereignis der Heiligkeit als von einem Wunder für unsere Zeit sprechen müssen. Von dieser unscheinbaren Quelle geht ein mächtiger Kreuzzug der Heiligung in alle Enden der Erde aus. Die heiligen Flammen, die im unbefleckten Herzen Mariens brennen, haben die Herzen von Millionen ihrer Kinder in der ganzen Welt entzündet.

Ein für die Heiligkeit Medjugorjes wichtiger Faktor ist die große Verehrung der Eucharistie, die dort blüht und die sich den Besuchern aus allen Nationen mitteilt. Alle werden inspiriert und geleitet von der unübersehbaren Tatsache, daß das wahre Herzstück und der Mittelpunkt in Medjugorje das Allerheiligste Sakrament ist. Unzählige Meßstipendien werden dort gemacht und die heilige Kommunion an zahllose Gläubige ausgeteilt. Der Herr im Allerheiligsten Altarsakrament ist ein Gegenstand ständig wachsender Anbetung und Verehrung.

Das Bußsakrament trägt ebenfalls in besonderem Maße dazu bei, die heiligende Wirkung Medjugorjes auf so viele Millionen von Pilgern zu vertiefen. In der Tat bewirkt der intensive Ruf der Muttergottes zur häufigen Beichte deutliche Ergebnisse. Als weitergehende Wirkung versprach sie ja dort auch eine Besserung der geistlichen Gesundheit in der krankenden westlichen Kirche.

Was das durch Medjugorje inspirierte Gebetsleben betrifft, so hat es bereits einen beachtlichen Aufschwung genommen. Die große Mehrheit der Pilger nimmt eine hohe Wertschätzung des Gebetes, besonders des Rosenkranzgebetes, auf und trägt sie mit nach Hause in das alltägliche Leben. Eine weitere Frucht Medjugorjes sind auch die Tausende von Gebetsgruppen geworden, die von dort ihren Ausgang nahmen. Auch das Lesen der heiligen Schriften hat eine ungeheure Ausdehnung erfahren. Nicht zu vergessen ist die ständige Steigerung des Fastens und der Bußbereitschaft, eine Antwort auf den Anruf der Muttergottes, die von so vielen Menschen so bereitwillig gegeben wird.

Medjugorje und die Jugend

Die Heiligkeit Medjugorjes breitet sich nicht zuletzt unter den Jugendlichen schnell und weithin aus. Gerade in der heutigen Zeit ist dies ein besonders bemerkenswertes Phänomen an sich, diese fast magnetische Anziehungskraft, die von Medjugorje auf junge Herzen und Gemüter wirkt. Ihre Kraft rührt an die reichen Reservoires von Idealismus, Heroismus, Hingabe und Dienstbereitschaft, die gerade junge Menschen besitzen.

Ich denke hierbei besonders an die begeisterte und wertvolle Einstellung Jugendlicher, die Newman als eine "junge, eifrige und dynamische Gottesliebe und Dienstbereitschaft für Gott" bezeichnet. Es ist eine Eigenschaft, sagt Newman, die jungen Menschen mit einem aktiven und brennenden Glauben eigen ist. Wir alle jedoch sollten stets bestrebt sein, diese Eigenschaft lebendig zu erhalten bis zum Ende unserer Tage.

Man denkt dabei auch an die "Jugend 2000" - die von Medjugorje inspirierte Jugendbewegung, die von dem Engländer Ernest Williams ins Leben gerufen wurde. Jedes Jahr zieht sie Tausende Jugendlicher von überall her für eine Woche während der Sommermonate nach Medjugorje. Was ihre Wirkung und ihre heiligende Kraft beflügelt, ist dieser Ort und seine besondere Einwirkung durch die Eucharistie. Die "Jugend 2000" hat inzwischen ihren Wirkungsbereich erweitert, indem sie in der ganzen Welt Gebetsgruppen aufbaut mit dem Ziel einer besonderen Verehrung des Allerheiligsten Altarsakramentes gerade unter der Jugend.

Das Zeugnis eines Apostels der Jugend

Einer der bekanntesten Apostel in der englischsprachigen Welt, P. Ken Roberts, hat Medjugorje mit einem leuchtenden Blumenstrauß verglichen.

"Von einem Ende der USA bis zum anderen," so schreibt er, "bin ich unzähligen jungen Menschen begegnet, die verwirrt, gelangweilt und übersättigt sind. Sie sind nicht im geringsten davon berührt, daß sie Katholiken sind. Und ganz gewiß haben sie kaum ein Gebetsleben. Von der Kirche haben sie sich abgewandt. Die heilige Messe finden sie stumpfsinnig und bedeutungslos. Viele bezweifeln sogar die Anwesenheit unseres Herrn in der Eucharistie.

Ich bin mit Hunderten von diesen jungen Menschen nach Medjugorje gefahren. Was dort geschah, ist sensationell. Es war nur eine Angelegenheit von Tagen, bis sie sich vollkommen veränderten. Sie haben gebeichtet und versuchen nun, ein sündenfreies Leben zu führen. Die Messe ist ihnen zum wichtigsten Teil des Tages geworden. Sie verbringen ganze Stunden vor dem Allerheiligsten Sakrament. Maria ist nun ihre Königin und Mutter, und täglich beten sie den Rosenkranz. Auch fasten sie jeden Mittwoch und Freitag.

Diese innere Veränderung hält nicht nur für eine oder zwei Wochen vor, während sie auf einer spirituellen Höhe sind. Auch zwei Jahre später noch kann man die Fortführung ihres Glaubens- und Gebetslebens beobachten. Viele weitere junge Menschen haben sich zu Gebetsgruppen zusammengeschlossen. Was von weit größerer Bedeutung ist, ist die Tatsache, daß jeder fünfte von ihnen begonnen hat, sich auf den Priesterberuf vorzubereiten oder in eine religiös-geistliche Lebensgemeinschaft einzutreten."

Medjugorje und die Priester
Eine andere Gruppe, die in besonderer Weise durch Medjugorje beeinflußt ist, sind Priester. Zehntausende von ihnen haben als ein goldenes Geschenk von der Mutter des höchsten Priesters die Gnade eines neuen Antriebs empfangen, hingebungsvoll, heiligmäßig und gebetseifrig für die Seelen zu sorgen. Warum Unsere Liebe Frau gerade die Priester auswählt, ist leicht zu begreifen. Zum einen sind sie durch die heiligen Weihen eng mit der priesterlichen Würde und dem Wirken ihres Sohnes verbunden. Zum anderen will die Mutter der Kirche die Aussage des II. Vaticanums vollkommen verwirklicht sehen: "Priester haben die wichtigste Aufgabe bei der Erneuerung der Kirche zu leisten." Um aber als Lehrer und Apostel wahrhaft wirksam sein zu können, muß ihre Heiligkeit so groß sein, "daß sie wie Sterne in der Welt leuchten," wie der heilige Papst Pius X. sagte. Oder wie es der heilige Bernhard ausdrückt: "Das Feuer, das im Priester brennt, wirkt wie ein Leuchtfeuer auf seine Herde." Eine hochgestellte Autorität des Vatikans, Kardinal Augustin Mayer OSB, hat festgestellt, daß Medjugorjes wunderbare Wirkung auf Priester allein schon genügt, um ihn zu überzeugen, daß die Muttergottes hier auf einem ganz erstaunlichen Weg am Werke ist. Ein bekannter britischer Kirchenrechtler, P. Lachlan Hughes, hat kurz vor seinem Tod erklärt, daß seine Pilgerfahrt nach Medjugorje im Jahr zuvor das zweifellos wertvollste Geschenk gewesen sei, das er seit seiner Priesterweihe von Gott empfangen habe.
Um P. Ken Roberts noch einmal zu zitieren, diesmal als Sprecher für tausende von Priestern: "Die Muttergottes von Medjugorje hat Wunder für mich bewirkt. Sie hat meine Priesterschaft hauptsächlich dadurch erneuert, daß sie mich daran erinnerte, warum ich Priester wurde und was ein Priester ist. Sie hat die heilige Messe für mich erneuert und ebenso meine Einstellung zum Beichthören. Sie hat jeden Menschen, mit dem ich rede oder dem ich dienlich bin, für mich wichtig werden lassen als jemand, der in den Augen Gottes absolut einzigartig ist.

Ja, Medjugorje ist für Priester ein großartiger Ort für einen Besuch. Wenn sie dort die heilige Messe feiern und die Kirche mit tiefgläubigen Menschen gefüllt sehen, bekommen sie eine visionäre Ahnung davon, was das Priestertum an sich ist und wie die Verhältnisse zu Hause sein könnten, wenn sie dort auf die großen Gnaden antworteten, die die Muttergottes in Medjugorje gewährt. Deswegen hat sie Tausende ihrer Priestersöhne mit Heiligkeit entflammt und mit neuem Glauben und neuem Eifer erfüllt, denn sie alle spielen eine Schlüsselrolle in ihrem Plan für eine Erneuerung der ganzen Kirche."

Die Botschaft bewirkt Heiligkeit

Aber nicht nur an junge Menschen und Priester richtet die Muttergottes ihre bewegenden Aufrufe zur Heiligkeit, sondern an jeden ohne Ausnahme. Sie hat jeden einzelnen ihrer Söhne und Töchter im Sinn, wenn sie sagt: "Ich bin eure Mutter und wünsche sehnlichst, jeden von euch zu vollkommener Heiligkeit zu führen." (25.5.1987).

Geheiligt, ja wahrhaft heilig zu werden, das ist das Grundanliegen Medjugorjes. Mit der Heiligkeit ist die ganze Bedeutung Medjugorjes zusammengefaßt. In diesem Einzelbegriff ist die gesamte fünfteilige Botschaft, die ursprüngliche Aussage Medjugorjes, enthalten. Zuerst erfordert die Heiligkeit, daß wir unsere sündigen Wege verlassen und den Geboten Gottes die erste Stelle in unserem Leben geben. Zweitens wirkt die Heiligkeit in enger Verbindung mit dem Glauben, indem sie unser Herz mit seinen Geheimnissen nährt. Was das dritte Element der Medjugorjebotschaft betrifft, das Gebet, so besteht sein Ziel darin, die Heiligkeit zu stützen, zu fördern und zu vertiefen. Die vierte Komponente der Botschaft, das Fasten, hat dagegen den Zweck, solche heiligenden Wirkungen hervorzubringen, die uns zur Bußfertigkeit und zur Selbsthingabe befähigen und in uns die Bereitschaft aufzubringen, alle Leiden Christi durch unsere eigene Leidensbereitschaft für seinen mystischen Leib, die Kirche, zu opfern. (Vgl. Kol. 1,24).

Schließlich besteht als fünftes Element eine lebendige Beziehung zwischen Frieden und Heiligkeit. Der heilige Jakobus macht diesen Punkt deutlich klar, wenn er schreibt: "Friede ist der Saatgrund der Heiligkeit, und jene, die Frieden säen, werden Heiligkeit ernten." (Jak. 3,15).

Auf der Linie der Tradition
Wenn uns die Muttergottes zur Heiligkeit aufruft und uns den Weg dahin zeigt, stellt sie nicht eine neue Lehre auf oder eröffnet eine neue Hinwendung zur Spiritualität, vielmehr stellt sie uns auf höchst intensive Weise die überlieferten Wahrheiten und Glaubenssätze der christlichen Tradition vor Augen.

Mit anderen Worten: Maria spielt zum Segen für unsere geistlich ausgetrocknete Welt die klassischen Weisen auf, die schon immer und für alle Zeiten Gültigkeit hatten: Die Musik der Frohen Botschaft, die vom Heiligen Israels komponiert wurde. Damit ist gemeint: Sie richtet an unsere unwissende Zeit die Botschaft ihres Sohnes zur Heiligkeit. "Kommt, folgt mir nach," lädt er uns durch den Mund seiner gnadenvollen Mutter ein, "denn ich bin der Weg, die Wahrheit und das Leben!" - "Seid vollkommen, wie mein Vater im Himmel vollkommen ist!" - "Ein Jünger ist nicht besser als sein Meister; er wird ganz vollkommen sein, wenn er wie sein Meiser ist." (Lk. 7,8; Joh. 14,6; Mt. 5,48; Mt. 10,24).

Zu unserem Vorteil betont die Jungfrau von Medjugorje auch, daß ein Christ - wie der heilige Paulus und die anderen Schriftsteller des Neuen Testamentes es für gesichert ansehen - jemand ist, "der zum Heiligsein berufen" ist. (Vgl. Kol. 1,2). Dies wurde hauptsächlich verbindlich erklärt mit Blick auf die heiligen und segensreichen Gaben, mit denen der Christ ausgestattet ist. Bei der Taufe wird ja seine ganze Persönlichkeit Gott durch die heiligmachende Gnade geweiht, wenn in ihm der dreipersönliche Gott Wohnung nimmt, wobei sein Leib zu einem Tempel aus Fleisch und Blut für die Heiligste Dreifaltigkeit wird. (1 Kor. 3,16; Joh. 14,23).

Weiterhin erhält der Christ bei der Taufe die drei göttlichen Tugenden des Glaubens, der Hoffnung und der Liebe, dazu die sieben Gaben des Heiligen Geistes. Mit dieser reichen übernatürlichen Ausstattung ist die Aufgabe verbunden, eine für jeden Christen bindende Pflicht, nämlich heilig zu sein wie sein Herr und Meister, indem er die Heiligkeit des Evangeliums in Gedanken, Worten und Werken verwirklicht.

Die Aufrufe der Gottesmutter in Medjugorje stimmen mit der reinen Lehre des Evangeliums und mit dem heiligen Apostel Paulus, aber auch vollkommen mit dem II. Vatikanischen Konzil überein, das im Dokument über die Kirche sagt: "Wer den christlichen Glauben treu bewahrt, der hat, gleich welchen Ranges oder Standes, eine Berufung zur Fülle christlichen Lebens und zur Vervollkommnung in der Liebe. Jeder Mensch hat die verbindliche Einladung, nach Heiligkeit und Vollkommenheit in seinem eigenen Leben zu streben."

Liebe, Heiligkeit, Schönheit

In einer besonders denkwürdigen Botschaft sagte die Königin des Friedens: "Ihr könnt nicht ohne Heiligkeit leben. Deswegen müßt ihr jede Sünde mit Liebe besiegen. Nehmt alle Beschwernisse, die euch treffen, in Liebe an! Liebe Kinder, lebt die Liebe in euch selbst!" (16.7.1986).

Durch dieses Leben der Liebe in uns selbst erfüllen wir das erste und größte Gebot, die Liebe zu Gott mit unserem Herzen, mit allen Sinnen und Kräften (vgl. Dtn. 8,5; Mt. 22,37). Je größer also unsere Liebe ist, desto tiefer ist unsere Heiligkeit. Oder wie es die Auslegung des Wortes Christi beschreibt: "Der ist wahrhaft groß, der eine große Liebe besitzt." Die lebendige Einheit von Liebe und Heiligkeit wird leuchtend im Leben der Heiligen veranschaulicht; dafür mögen die Worte von Charles de Foucauld beispielhaft sein: "Mit allem, was in uns ist, was wir sind und tun, sollten wir das Evangelium von den Dächern verkünden. Unser ganzes Sein sollte ein lebendiges Zeugnis, ein Spiegelbild Jesu sein." Ein wichtiges Wort in diesem Kontext ist "ganz". Seine Ableitung vom gleichen englischen Wortstamm wie "heilig" (im Englischen sind die beiden Wörter "whole" (ganz) und "holy" (heilig) verwandt - A.d.Ü.) zeigt an, daß Heiligkeit Hand in Hand geht mit der personalen Ganzheit, mit der seelischen Fülle, der Ausgeglichenheit und der inneren Haltung. Eine Bestätigung dafür finden wir wieder im Leben der Heiligen. Gerade weil sie heilig sind, ist ihr Leben erfüllt und ausgeglichen. Sie finden, wie Gott es versprochen hat, ihr Leben durch Gottes Heilskraft wieder, wenn sie es verlieren. (Vgl. Lk. 17,33).

Heiligkeit bringt auch sittliche Schönheit hervor. Pascal bezeichnet ein Leben, das ganz von der Gnade Gottes erfüllt ist, als eine "klare, stille Schönheit des ganzen Lebens." Jelena Vasilj, die die Muttergottes innerlich schaut, fragte sie, warum sie so schön erscheine. "Ich bin schön," gab Maria zur Antwort, "weil ich liebe. Wenn du schön sein willst, mußt du auch lieben!" (25.3.1985).

Hindernisse auf dem Weg

"Liebe Kinder," beginnt die Botschaft vom 25.7.1987, "ich bitte euch eindringlich, den Weg der Heiligkeit vom heutigen Tage an zu gehen. Ich will nicht, daß Satan euch Hindernisse in den Weg legt." Ein Hindernis scheint geeignet, uns einen gewaltigen Felsbrocken auf den Weg zur Heiligkeit zu legen, nämlich Furcht und Zögern bei dem, was uns der Weg in Zeiten der Anstrengung und der Selbstüberwindung kosten wird. Dieses menschliche Zurückschrecken vor den Anforderungen der Heiligkeit könnte nicht besser ausgedrückt werden als in dem folgenden Gebet: "Mein Gott, ich habe keine starke Sehnsucht nach großer Heiligkeit. Vielleicht habe ich Angst davor. Aber deine Güte, Herr, möge meine Einstellung ändern und mir Mut geben, dir keine Schranken aufzurichten. Heiligkeit erschreckt mich, Herr. Du allein kannst mich heilen von dieser falschen und törichten Furcht...." Für unsere eigene Ängstlichkeit ist es ermutigend, festzustellen, daß der Verfasser dieses Gebetes der heilige Claude de la Colombiäre war, der geistliche Führer der heiligen Maria Margaretha Alacoque. Er ist auch keineswegs der einzige unter den Bewohnern des Himmels, der solche inneren Erfahrungen gemacht hat. Franz von Assisi hat dies beispielsweise in gleicher Weise erfahren.

Ein anderer Felsklotz, den uns der Satan nach Möglichkeit in den Weg legt, ist die Enttäuschung nach einem Sündenfall. Es gibt nur einen einzigen Weg, diesen Felsklotz zu beseitigen: Wir müssen ohne Zögern Gott um Verzeihung dafür bitten, daß wir gesündigt haben und dann mit umso größerem Feuer unseren Dienst für ihn leisten. Das bedeutet, der vom Pferd gefallene Krieger muß sich erheben, wieder aufsteigen und zu neuem Kampf antreten.

Ohne Zweifel gilt für die ganz große Mehrheit, was der heilige Antonius der Einsiedler klarlegte: "Das geistliche Leben ist eine lange Folge von Neuanfängen." Einer der berühmtesten Neuanfänge ist vom heiligen Petrus bekannt. Nachdem er seine Feigheit und Schlechtigkeit mit einem demütigen Akt der Reue nach seinem Fall überwunden hatte, wurde er heiligmäßiger als zuvor und wirkte mit umso größerem Eifer als Apostel.

Beständigkeit

Einen weiteren Felsbrocken will Satan auf dem Weg unserer Heiligkeit

aufrichten, den der heilige Paulus als "Schwachheit im rechten Handeln" bezeichnet (Gal. 6,9; 2 Thess. 3,13). Er meint damit, daß das erste Feuer zu erlöschen und der Enthusiasmus nachzulassen beginnt. Im schlimmsten Fall kann das in einem totalen Ausgebranntsein enden, oder, um einen anderen Satz des heiligen Apostels Paulus zu zitieren: "Sie machen aus dem Glauben ein Wrack." (1 Tim. 1,19). Das Hilfsmittel dagegen sind Geduld, Beharrlichkeit und ein starker Glaube. Die allergläubigste Jungfrau Maria deutete auf diese Notwendigkeit in einer durch Jelena gegebenen Botschaft hin: "Bleibt beständig und hartnäckig!" (8.12.1983). Wir müssen uns bemühen, täglich eine bestimmte Zeit "gewöhnliche Dinge außergewöhnlich gut zu tun," wie Bischof Challoner es ausgedrückt hat. So können wir beständig im Guten bleiben, bis die Reise unseres Lebens beendet ist.
Die Schrift zeigt uns auf geeignete Weise den Weg in diese Richtung. "Unsere Sehnsucht ist es, zu sehen, daß ihr den gleichen Eifer bis zum Ende zeigt, indem ihr der Erfüllung eurer Hoffnung entgegenseht, keine Gleichgültigkeit mehr zu haben und all denen nachzufolgen, deren Glaube und Geduld sie in den Besitz der göttlichen Verheißungen gebracht haben." (Hebr. 1, 11-12).

Die Mobilisierung des Kirchenheeres

Ein wichtiger Aspekt Medjugorjes ist, daß die Königin der Propheten das Kirchenheer wachrüttelt und mobilisiert, indem sie es zu Gebet, Wachsamkeit und zum Handeln anleitet. Durch die Reihen der christlichen Kämpfer tönt Mariens Stimme wie ein Weckruf. Die Botschaft, die sie verkündet, ist wie ein Ruf zu den Waffen, ein "Schlachtruf" in unserem Kampf gegen die Feinde Gottes und unsere eigenen - unsere gefallene menschliche Natur, die gefallene Welt und die gefallenen Engel. Niemand kann leugnen, daß Medjugorjes dringender Appell notwendig ist. Die Gottesmutter führt uns klar vor Augen, daß in weiten Teilen der Kirche eine unübersehbare Krise herrscht. Gott wird ernstlich vernachlässigt und seine Gebote werden verlacht. Das Gebet spielt im Leben vieler Menschen fast keine Rolle mehr, und in vielen Herzen und Heimen geht der Glaube durch Gleichgültigkeit verloren. Der Posaunenschall in Medjugorje erklingt zur rechten Zeit und vorsorglich. Der allgemeine Standard in der Kirche ist so niedrig, daß weithin Mittelmäßigkeit herrscht. Nur noch wenige Gläubige sind christliche Soldaten von dem Kaliber, wie es der Apostel Paulus versteht. Vielleicht würde die Bewertung des heiligen Bernhard passen, daß wir "verwöhnte Soldaten eines dornengekrönten Königs" sind. An diesen König und Gebieter sollen wir daher Amy Carmichaels Gebet richten: "Vom seidenen Leben, o Hauptmann, löse deinen Soldaten, der dir folgen soll. Laß mich nicht in den Staub versinken! Mache mich zum Brennstoff, du Flamme Gottes!"

Abschließendes Gebet zur Gospa

O sündenlose Mutter Gottes, bitte für uns, deine sündigen Kinder, daß wir wahrhaft heilig werden, so wie du es in Medjugorje uns gelehrt hast. Möge die Heiligkeit, deren weltl weite Verbreitung durch dich begonnen hat, sich mehr und mehr in den Herzen ausbreiten und in ihnen das Feuer entzünden, das im heiligsten Herzen deines Sohnes und in deinem unbefleckten Herzen brennt.

Vermehre in uns, allerheiligste Mutter, den Geist des Gebetes und laß eine tiefe Verehrung des Geheimnisses des eucharistischen Heilandes in uns wachsen. Stärke uns, damit wir unser Kreuz freudig auf uns nehmen und unsere Leiden mit denen Jesu für die Bekehrung der Sünder verbinden.

O Gospa, voll der Gnade, erhalte und gewähre all die Gnaden der Heiligung, die du für uns in und durch Medjugorje bereitest.

Flöße in junge Herzen weiterhin ein brennendes Verlangen nach Gebet, Buße, Heiligung und Bereitschaft zum Dienen. Mögen sie für die Kirche von morgen ihr Werk mit heiligen Priestern und Gläubigen fortführen. Schenke den heutigen Priestern und Gläubigen den Geist eifrigen Gebetes und einen brennenden Eifer für das Reich der Heiligkeit.

Segne, sündenlose Mutter Gottes, den Kreuzzug der Heiligung von Medjugorje, den du in diese Welt zu unternehmen begonnen hast.

Mache uns zu tapferen und begeisterten Krizevac-Kreuzfahrern, die sich dem Kreuz deines Sohnes weihen und die erfüllt sind mit Eifer für sein Werk und sein Reich.

4. DER BEICHTSTUHL DER WELT

"Maria, die Zuflucht der Sünder, erweckt in uns die Notwendigkeit, heilig zu sein. Ihre Wallfahrtsstätten sind Orte der Bekehrung, der Buße und der Versöhnung mit Gott." Als Papst Johannes Paul II. diese Worte 1979 sprach, konnte er wohl kaum ahnen, wie buchstäblich und in welch reichem Maße sie zwei Jahre später in einem kleinen kroatischen Dorf Wirklichkeit werden sollten, das dazu ausersehen war, als Marienwallfahrtsort weltbekannt zu werden. Medjugorje ist in außergewöhnlicher, charakteristischer Weise ein Ort der Bekehrung und der Buße geworden. In bezug auf die Wiederversöhnung mit Gott trägt dieses Sakrament der Buße gerade dort reichste Früchte.
Diese Tatsache ist so auffallend, daß P. René Laurentin über Medjugorje schreibt: "Es ist der Ort, wo mehr gebeichtet wird als irgendwo sonst auf der Welt. An bestimmten Tagen sind hier bis zu 150 Beichtväter laufend tätig. Außerdem gibt es dort den größten Anteil an Lebens- und Bekehrungsbeichten, die so eine Erneuerung der in Materialismus und Perversion versunkenen Seelen zustande bringen. Viele zerrüttete Ehen werden wiederhergestellt, gar nicht zu sprechen von den zahlreichen anderen Arten geistlicher Früchte."

Das Zeugnis eines Bischofs

Jeder, der in Medjugorje jemals Beicht gehört hat, würde dies bestätigen. So hat z.B. ein irischer Bischof, Seamus Hegarty von Raphoe geschrieben: "Meine außergewöhnlichste Erfahrung in Medjugorje war das Beichthören. An einem Tag saß ich 3 Stunden im Beichtstuhl. Ich bin überzeugt, daß ich während dieser Zeit mehr Bekehrungen solcher Art erlebt habe, die eine neue Lebensgrundlage schaffen und aus der Tiefe des Herzens kommen als während der ganzen 21 Jahre meines Priestertums. Ich war tief bewegt von dem offensichtlichen Einwirken der Gnade bei der Qualität der gehörten Beichten." Medjugorje hat sicherlich große Freude bei den Engeln Gottes hervorgebracht, weil dort so viele Sünder das Sakrament der Buße empfangen und dies regelmäßig weiterhin tun.

Unterstützung durch die Gottesmutter

Der Hauptgrund, warum das Sakrament der Versöhnung sich in Medjugorje so auffällig zeigt, liegt darin, daß die Muttergottes nicht nur am Anfang dazu aufgerufen, sondern auch darauf bestanden hat, daß wir es mindestens einmal im Monat empfangen.
Und mit "wir" meint sie buchstäblich jedes einzelne Mitglied der westlichen, d.h. der römisch-katholischen Kirche.
Hier seien ihre Worte zitiert, die sie durch ihre menschliche Vermittlerin Marija gesprochen hat: "Man muß die Menschen einladen, jeden Monat, besonders am ersten Samstag, zur heiligen Beichte zu gehen. Die monatliche Beichte wird ein Heilmittel für die Kirche des Westens sein. (6.8.1981)..... Ich bin glücklich, weil ihr angefangen habt, euch auf die Beachtung des monatlichen Empfangs des Bußsakramentes einzustellen. Das wird für die ganze Welt segensreich sein." (1.10.1982).
Wir haben hier die klarste Aussage, daß sie, die Zuflucht der Sünder, dieses Sakrament als ein kostbares Geschenk des Himmels preist. Kardinal Newman hat zu diesem Thema gesagt: "Wenn es eine himmlische Gnadengabe in der Kirche gibt, dann ist es sicherlich nach dem Allerheiligsten Altarsakrament das Sakrament der Buße." Der Grund dafür ist: Es reicht in die Tiefen menschlicher Sündhaftigkeit, aber auch gleichzeitig göttlichen Erbarmens. "Es ist das Sakrament, wo Gottes Barmherzigkeit und Gnade dem menschlichen Elend begegnet," sagt Papst Johannes Paul II.
Die Urquelle des Beichtsakramentes bringt uns zum Christus des Karfreitags zurück, aus dessen geöffneter Seite Blut und Wasser geflossen sind. Sein Blut ist das Symbol der Eucharistie. Das Wasser aber bedeutet unsere Reinigung von der Erbsünde durch die Taufe und danach von den Sünden durch die Buße. Ebenso bringt uns das Bußsakrament dem auferstandenen Herrn nahe, der nach seiner Auferstehung seinen Aposteln die Vollmacht gegeben hat, den reuigen Sündern seine verzeihende Gnade durch die Nachlassung ihrer Schuld zu gewähren.

Die Beichte wirkt der Sünde entgegen

Weil uns die reinste Jungfrau Maria jetzt zur Heiligkeit aufruft, zu tiefer Heiligkeit, ermahnt sie uns damit auch inständig zur häufigen Beichte, denn Heiligkeit bedeutet ja im Grunde, sich von der Sünde ab-

und Gott zuzuwenden. Dies ist auch der eigentliche Sinn der Beichte, indem sie uns mit der sakramentalen Gnade für einen Neuanfang stärkt. Oder wie es der heilige Franz von Sales ausdrückt: "Die Beichte ist nicht in erster Linie wie ein Schwamm, der alles auswischt, sondern wie ein Stärkungsmittel, das Kraft verleiht." Die Sünden werden gewöhnlich als Todsünden oder als läßliche Sünden bezeichnet, je nachdem, ob sie schwer sind oder nicht.

Der heilige Johannes bezieht sich auf die ersteren, wenn er sagt, daß es "Sünden gibt, die töten." (1 Joh. 5,16). Sie töten das übernatürliche Leben der Seele. Mit anderen Worten: Die Todsünde ist das Grab der Seele. Demgemäß ist in einer solchen Situation die Beichte unbedingt notwendig. Schriftsteller der frühen Kirche pflegten zu sagen, daß das lebensrettende Floß der sakramentalen Buße für diejenigen erforderlich ist, die durch die Todsünde Schiffbruch erlitten haben.

Was die Muttergottes von Medjugorje im Sinn hat, wenn sie uns mahnt, wenigstens einmal monatlich zur Beichte zu gehen, sind die sogenannten "Beichten der Demut." Solche Andachtsbeichten schließen nur läßliche Sünden ein. Gerade deswegen sollten wir uns niemals erlauben, sorglos und leichtsinnig zu werden. Obwohl sie läßlich sein mögen, sind solche Sünden dennoch Beleidigungen des allheiligen Gottes der Gebote. Sie waren die Marterwerkzeuge, die dem Erlöser bei seinem bitteren Leiden zusätzlichen Schmerz aufgeladen haben.

Deswegen sind auch die läßlichen Sünden böse, häßlich und mißfällig vor Gott. Neben allen anderen üblen Folgen verleiten sie auch zur Todsünde. Sie trüben die Schönheit der Seele und vermindern ihre Glut. Sie schwächen den Glauben und versperren den Zugang zur Gnade. Außerdem schwächen sie das Gewissen und ziehen zeitliche Strafen nach sich.

Licht in der Dunkelheit

Niemand ist frei von läßlichen Sünden. Einmal hatte die heilige Gertrud, als sie sich auf die Beichte vorbereitete, Schwierigkeiten, sich bei der Gewissenserforschung auf irgendeinen Fehler zu besinnen. Da fiel plötzlich ein Sonnenstrahl ins Zimmer und ließ eine Menge winziger Staubkörnchen erkennen, die man bei normalem Licht nicht wahrnehmen konnte. Die Heilige sah darin ein Zeichen, daß das Licht des Heiligen Geistes, wenn es in das menschliche Gewissen dringt, unfehlbar alle Unvollkommenheiten aufdeckt, zusätzlich zu denen, die augenscheinlich sind.

In einer inneren Schau wurde Jelena von der Jungfrau Maria beauftragt, regelmäßig zur Beichte zu gehen. Die Muttergottes sagte ihr: "Die Beichte soll dir einen Impuls für dein Glaubensleben geben. Sie wird dich beleben und dich näher zu Jesus führen." (7.11.1983). Jelena gab zu, daß sie zunächst sehr verwirrt und erschrocken über diese Aufforderung war, weil sie meinte, daß sie nichts zu beichten hätte. Aber bald konnte sie ihre Fehler überdeutlich im Licht der stets wachsenden Einheit mit dem Gott der Heiligkeit und der Verzeihung erkennen.

Schlüssel zum Himmelreich
Indem sie die häufige Beichte anmahnt, unterstützt die Mutter der Kirche - wie auch bei anderen Zusammenhängen - die offizielle Lehre der Kirche, die uns das immer wieder vorgibt. Das II. Vatikanische Konzil hat z.b. ausdrücklich den häufigen Empfang des Buß- und des Altarsakramentes befürwortet. Die Priester wurden vom Konzil beauftragt, bei allen denkbaren Anlässen Beichtgelegenheiten anzubieten. In diesem erhabenen Sakrament findet nämlich, wie Papst Johannes Paul II. erklärt, "eine persönliche Begegnung des Sünders mit Christus" statt. Diese Aussage beschreibt genau die zweifache Wirkung des Bußsakramentes - das Bekenntnis des reumütigen Sünders und das Erbarmen des barmherzigen Heilandes. So überwältigend ist das göttliche Erbarmen, sagt der Pfarrer von Ars, daß "Gott schneller handelt, um einem reuigen Sünder zu vergeben, als eine Mutter ihr Kind von der Gefahr des Feuers wegziehen kann." In der Person Jesu Christi handelt der Diener dieses Sakramentes - der geweihte Priester. Wenn sich der Sünder diesem Sakrament der Vergebung nähert, nimmt er seine Zuflucht zu dem, was der heilige Augustinus "die Schlüssel der Kirche" nennt, in deren Namen und -ausgestattet mit ihrem Auftrag und ihrer Vollmacht- der Priester seinen Dienst ausübt. Durch die Lossprechung des Priesters bei der Beichte sind die Sünden des Beichtenden vergeben oder werden behalten, je nach Lage des Falles (Mt. 16.19; Joh. 20.23). Sicher ist, daß die vom Priester ausgesprochene Absolution die hauptsächliche Wirksamkeit des Sakramentes ausmacht.

Der Schlüssel zum eigenen Selbst

Die Absolution des Priesters bleibt jedoch erfolglos ohne den Beitrag des Beichtenden zu den Triebkräften des Sakramentes.

Dieser Beitrag ist abhängig von drei ganz wichtigen Schlüsseln, über die der reumütige Sünder allein verfügt, denn sie öffnen die Türen zu seinem persönlichen Selbst, seinem ihm eigenen Gewissen und zu seinem freien Willen. Anders ausgedrückt: Der reumütige Sünder muß drei grundlegende Bedingungen für die Gültigkeit des Sakramentes erfüllen, nämlich er muß seine Sünden bereuen, sie aufrichtig bekennen und einen festen Vorsatz zur Besserung fassen.

Zuerst muß der Sünder, wenn er sein Gewissen erforscht hat, das nur ihm selbst und Gott bekannt ist, sein Herz öffnen, damit sich das Gefühl wahrer Reue über seine Sünden einstellen kann.

Sodann muß er in gleicher Weise den Schlüssel benutzen, um seine Zunge zu lösen, sie aufzuschließen, seine Vergehen zu enthüllen, sie zu bekennen - Sünden des Handelns und des Unterlassens. Die wichtigste Pflicht dabei ist, daß er aber die Zahl und die Art jeglicher Todsünde seit seiner letzten Beichte angeben muß. Diese Selbstanklage - sicherlich das offenste und ernsteste Tribunal der Welt - wirkt zudem wie eine Therapie, eine Befreiung von angestauter Schuld, von Ängsten und Gewissensbissen. Paul Bourget sagt, daß das schädlichste Gift im menschlichen Herzen das Verschweigen ist.

Der dritte Schlüssel, den der Sünder benutzen muß, ist derjenige, der seinen Willen bereit macht, demütig und entschlossen jede Buße anzunehmen, die der Beichtvater ihm auferlegt, darüber hinaus alle Sünden und alle Gelegenheiten zur Sünde zu meiden.

Die Früchte der Beichte

Die Früchte der Beichte sind so reichlich und vielfältig, daß wir uns nicht wundern können über die konsequente Aufforderung der Muttergottes zur häufigen Beichte. Ihre erste Wirkung ist selbstverständlich die Wiedergewinnung der heiligmachenden Gnade, die dem Sünder gewährt wird, der eine gültige Beichte ablegt und so immer mehr zur Andachtsbeichte findet. Die Beichtgnade beseitigt auch die Sündenschuld und läßt zeitliche Strafen auf jene wirksame Weise nach, die diesem Sakrament eigen ist. Weiterhin vermehrt sie die Gottesliebe und hilft uns, die schädlichen Folgen der Sünde in der Seele zu heilen.

Das Konzil von Trient führt unter dem Segensgewinn des Sakramentes "Friede und Gewissensruhe" auf und fügt hinzu, daß diese Wirkungen oft von "überströmender geistlicher Tröstung" begleitet werden. Daneben stellt die Beichte Selbstachtung und Selbstvertrauen des Beichtenden wieder her.
Um noch einmal Papst Johannes Paul II. zu zitieren: "Durch dieses Sakrament werden wir im Eifer erneuert, in unseren Vorsätzen gestärkt und von göttlicher Ermutigung belebt. Die persönliche Begegnung mit dem verzeihenden Jesus ist ein Mittel Gottes, das unsere Herzen lebendig erhält, in unserer Gemeinschaft die Heiligkeit vergrößert und ein Bewußtsein schafft für die dauernde tragische Wirklichkeit der Sünde."
Zu den weiteren Auswirkungen des Bußsakramentes gehört die Stärkung unseres schwachen Willens und die Kraft, um Mutlosigkeit und Verzweiflung zu bannen. Ebenso bewirkt es die Überwindung unserer Müdigkeit, Gutes zu tun. Es kräftigt unsere Bereitschaft zur Hingabe an Gott und vertreibt Lauheit. Selbstgefälligkeit, Lethargie, Wankelmütigkeit und unseren immer vorhandenen Hang zur Sünde und den Gelegenheiten dazu.
Papst Paul VI. legt besonderen Wert auf jene Wirkung der heiligen Beichte, die für den heiligen Thomas die hauptsächlichste pastorale Funktion ist, daß sie uns nämlich darauf vorbereitet, die heilige Kommunion würdiger zu empfangen. Der Heilige Vater sagt weiter: "Die häufige Beichte bleibt eine bevorzugte Quelle der Heilung, der Heiligung und der Freude."

Die rechte Sicht

Indem uns die Gottesmutter zur häufigen Beichte ermutigt, lenkt sie unsere Aufmerksamkeit auf die traditionelle kirchliche Lehre. Schon seit dem heiligen Papst Pius X., dessen Ziel es war, den Aufstellungen der Janseniten gegen die frühe und häufige Beichte entgegenzutreten, hat eine ganze Reihe von Päpsten ihre Stimme zu diesem Thema erhoben.
Pius XII. erklärte, daß die Praxis der häufigen Beichte unter der direkten Eingebung des Heiligen Geistes eingeführt worden ist. Papst Paul VI. und Papst Johannes Paul II. haben in der Folge diese Sicht ausdrücklich bekräftigt. Papst Pius XII. warnte den jüngeren Klerus davor,

dieses erhabene Sakrament zu unterschätzen und die Beachtung seines häufigen Empfangs zu vernachlässigen. Solche Haltungen, fügte der Papst hinzu, wären verderblich für den mystischen Leib Christi und gefährlich für das geistliche Leben. Der Heilige Vater appellierte an die Priester, selbst die Beichte häufig und andächtig zu empfangen. Weil diese Übung "einen rascheren täglichen Fortschritt auf dem Weg der Tugend darstellt," fuhr Papst Pius XII. fort, "sollte die Beichte oft von denen empfangen werden, die sich nur läßlicher Sünden bewußt sind. Dadurch wachsen wir in unserer Selbsterkenntnis und in christlicher Demut. Schlechte Gewohnheiten werden ausgemerzt, geistige Nachlässigkeit und Gleichgültigkeit werden beseitigt, das Gewissen wird gereinigt und gefestigt. Wir gewinnen eine heilsame geistliche Richtung, und die Gnade wird durch die Wirkung des Sakramentes vermehrt."

Zwei weitere Päpste

Papst Paul VI. hat bei der Ausrufung des Heiligen Jahres 1975 alle Katholiken eingeladen, "die Bedeutung einer häufigen Beichte zu erkennen und sie zu praktizieren." Die sofortige Bereitschaft der Priester zur Entgegennahme der Beichte, betonte er, sei eine Selbstverständlichkeit und eine Gelegenheit zur Gnadenvermittlung. Deshalb müsse man die Gläubigen zur regelmäßigen Beichte ermutigen.

Papst Johannes Paul II. drängte in einem apostolischen Rundschreiben über das Bußsakrament ebenso auch die Priester, die Beichte ohne Schwierigkeiten all denen zugänglich zu machen, die sie zu empfangen wünschen, wobei sie auch selbst regelmäßig das Sakrament empfangen sollten. Diesen Aufruf richtete der Papst an alle deutschen Bischöfe, und er trug ihnen auf, alles zu tun, um sowohl die Priester wie auch die Gläubigen zu einer wahren Wertschätzung der persönlichen Beichte anzuleiten.

Nur ein einziger deutscher Bischof hat auf diesen Aufruf in bemerkenswerter Weise reagiert, nämlich Karl Braun, der Bischof von Eichstätt. In einem 1991 verfaßten Hirtenbrief lud er die Gläubigen aller Gemeinden ein, sich auf einen von ihm so genannten "wirkungsvollsten aller Friedensmärsche" zu begeben, einen Marsch, der sie als reumütige Sünder zu Gottes sakramentalem Frieden bei der Beichte führe.

Einer, der diesen sakramentalen Friedensmarsch gläubig jede Woche seines Lebens machte, war Papst Johannes XXIII., wie er in seinem Tagebuch berichtete, als er bereits 80 Jahre alt war.

Besorgniserregender Rückgang der Beichte

Die Mutter Christi macht uns eindringlich auf die traurige Wahrheit aufmerksam, daß die offiziellen kirchlichen Richtlinien in dieser Angelegenheit in schlimmer Weise vernachlässigt worden sind. Als Folge davon wird die Zuflucht zum Sakrament der Buße durch die persönliche Beichte trotz so zahlreicher päpstlicher Ermahnungen tatsächlich fast nicht mehr wahrgenommen. Neben einer erschreckenden Unkenntnis in religiösen Dingen gewinnt darüber hinaus ein weitverbreiteter Mangel an Disziplin die Oberhand.

Infolgedessen ist die Beichtpraxis in vielen Pfarreien nahezu auf den Nullpunkt gesunken. Die weitaus meisten Beichtwilligen sind deshalb ältere Menschen, die noch von gläubigen und geisterfüllten Priestern angeleitet worden waren. Wenn überhaupt junge Menschen dazu bewegt werden können, zu beichten, kann der Priester leicht feststellen, daß sie ganz unvertraut sind mit dem praktischen Vollzug dieses heiligen Gerichts. Noch besorgniserregender ist allerdings, daß sie nur eine vage, schlechte Vorstellung haben bezüglich des Unterschieds zwischen Todsünden und läßlichen Sünden. Oft wissen sie auch so gut wie nichts über den Akt der Reue.

Ein weiteres trauriges Merkmal besteht darin, daß viele Menschen die heilige Kommunion empfangen, auch wenn sie nach ihrer letzten Beichte Todsünden begangen haben. Sie handeln so aufgrund des Mißverständnisses, daß ein Akt der Reue genüge, um den Stand der Gnade zu gewinnen.

In seinem apostolischen Rundschreiben über das heilige Bußsakrament verurteilte Papst Johannes Paul II. streng diese und andere falsche Praktiken. Er erinnert darin auch an die ernste Pflicht, Todsünden auch dann persönlich zu beichten, wenn man eine allgemeine Absolution erhalten hat.

Die Hauptaufgabe von Medjugorje

Aber diese Unsicherheit bezüglich der Beichte ist keineswegs die einzige Fehlhaltung in der heutigen Kirche. Sie spiegelt vielmehr die allgemeine Unpäßlichkeit am ganzen Leib Christi wider. Unsere Muttergottes ist gerade darum besorgt, wenn sie den Sehern erzählt, daß der Glaube in vielen Gebieten immer mehr zurückgeht. Das Gebet wird vernachlässigt, Gott wird großenteils wie ein Fremdkörper behandelt, die Sünde hat viel von ihrer wahren Bedeutung für die Menschen verloren und die Gebote Gottes werden mehr und mehr mißachtet.

Die Königin des Friedens faßt das alles zusammen, indem sie darauf verweist, daß die ganze westliche Kirche krank und schwach geworden ist. Und die Medizin, das Gegenmittel, das sie für den kranken mystischen Leib ihres Sohnes verschreibt, ist eben die Beichte für jedes Glied. Durch dieses Mittel, so versichert sie uns, werden große Gebiete der Kirche geheilt werden.

Dementsprechend sagt die unbefleckte Jungfrau, daß die regelmäßige Beichte, die für sie weit mehr bedeutet als nur irgendein Punkt in ihrem Gesamtprogramm von Medjugorje, pastoral gesehen, die Schlüsselkomponente ist, eine siegreiche Waffe, die sie in die Hände ihrer bedrängten christlichen Krieger legt.

Demnach kann daraus schlüssig gefolgert werden, daß die schreiende Not der Kirche nach dieser Medizin der regelmäßigen Beichte den Hauptgrund und die vordringlichste Motivation für Mariens dramatischen Appell in Medjugorje darstellt.

Wir erfahren aus der Kirchengeschichte, wie Karl Rahner sagt, daß es immer dann eine dringende Notwendigkeit für die Königin des Friedens gab, ihre Zuflucht zu Privatoffenbarungen als eines Mittels der Verhandlung mit der Kirche zu nehmen, wenn die gewöhnlichen kirchlichen Mittel nach den gegebenen Umständen nicht zur Verfügung standen. Die gewöhnlichen Mittel, über die die Kirche verfügt, sind aber, wie wir bereits gesehen haben, von einer Reihe von Päpsten dringend angeraten worden und wurden vom II. Vatikanischen Konzil mit der Betonung der Notwendigkeit der Beichte hervorgehoben. Aber ihre Stimmen blieben leider unbeachtet - das Ergebnis ist die aktuelle besorgnis-erregende Situation der Kirche.

Die Beichte und die Botschaft von Medjugorje

Warum die Beichte von der Königin des Friedens verlangt wird, kann man klar an der engen Übereinstimmung zwischen den Schlüsselelementen des Sakramentes und den fünf Hauptpunkten der Botschaft erkennen.

An erster Stelle bezieht sich dieses Sakrament nach Newman auf die "Schwachheit und die Ziellosigkeit des menschlichen Herzens." Es führt uns vom falschen Handeln weg zu dem, der es verzeiht. Zweitens spielt der Glaube eine besondere Rolle bei der Beichte - der Glaube an den Gott der Verzeihung, der Glaube an die Macht Gottes, die in seinem geweihten Vertreter wirkt, und der Glaube an die Einströmung der sakramentalen Gnade.

Die dritte Komponente Medjugorjes, das Gebet, tritt ebenfalls im Kräftespiel der Beichte in Erscheinung in den Formen der Reue, des Dankes und der guten Vorsätze. Was das vierte Element, die Reue betrifft, die ja zu diesem Sakrament in besonderer Weise gehört, so ist in ihr sowohl der Akt der Reue selbst als auch die Annahme und die Übernahme der Buße enthalten, die vom Priester auferlegt wird.

Schließlich strömt Frieden, das fünfte und krönende Element der Botschaft von Medjugorje, in reicher Fülle durch das Sakrament der Versöhnung - Frieden des Gewissens, Frieden mit dem, der uns barmherzig verzeiht, Frieden mit der Kirche, die durch unsere Sünden ebenfalls verwundet ist, da wir ja alle Glieder am Leibe der Kirche sind.

Abschließendes Gebet zur Gospa

Wir danken dir, liebe Muttergottes von Medjugorje, für die Inspiration und dein Drängen, mit dem du uns aufrufst, unsere Zuflucht häufig zum Sakrament der Versöhnung und des Friedens deines Sohnes zu nehmen. Hilf uns, es als eine wertvolle Quelle der Gnade und der Heiligung hochzuschätzen und es als kräftigen Antrieb in unseren täglichen Bemühungen anzunehmen, um unser Leben deiner Botschaft von Medjugorje würdig werden zu lassen.

Durch dein machtvolles Eintreten, du Königin der Kirche, möge die Kirche Heil und Hilfe erfahren, wie du es versprochen hast, durch die Annahme dieser sakramentalen Medizin.

Mutter unseres höchsten Priesters, segne alle Priester mit heiliger Hingabe, daß sie regelmäßig ihre eigenen Sünden beichten, daß sie aber auch bereitwillig von all jenen die Beichte entgegennehmen, die den Wunsch haben, sich diesem geheiligten Gericht zu unterwerfen.

Mögen wir alle die Freude teilen, du Königin der Engel, die bei den Heiligen im Himmel über jene vielen Sünder, uns eingeschlossen, herrscht, die auf deine gnadenreiche Stimme hören und den regelmäßigen Gewinn der Segnungen dieses Sakramentes der Buße empfangen dürfen.

5. FESTE DER EUCHARISTIE

Wenn wir über die Eucharistie sprechen, treffen wir das Herz des Anliegens von Medjugorje. Die Mutter Christi spielt darin eine bedeutende Rolle, das ist sicher. Aber Medjugorje existiert nicht in erster Linie wegen Maria, auch nicht hauptsächlich über sie. Sein eigentlicher Mittelpunkt ist eher die Frucht ihres Leibes, das fleischgewordene Wort Gottes, der eucharistische Emanuel. Und in Medjugorje spielt die Gottesmutter die gleiche helfende, dienende Rolle, die sie auch anderswo über Zeiten und Generationen gespielt hat, die Rolle der Magd des Herrn, der Prophetin und der Wegweiserin.

Alles, was Maria uns in Medjugorje sagt, weist einfach auf ihren Sohn im Tabernakel hin und ist eine Verkündigung seines Evangeliums. So ist ihre grundlegende Botschaft nur das Echo der Frohen Botschaft, glaubensvoll, beredt, zeitgemäß und dringlich. Für das Leben und Wirken ihrer Botschaft ist die Eucharistie, wie sie selbst am besten weiß, gleichermaßen inspirierend und belebend. Daher ist ihre Botschaft grundsätzlich ein Aufruf zur Heiligkeit. Die Kirche läßt keinen Zweifel daran, wie Heiligkeit gefunden werden kann. "Herr Gott," beginnt eines ihrer liturgischen Gebete, "mache uns wahrhaft heilig durch die Eucharistie, die du uns als die Quelle aller Heiligkeit schenkst." (Offertorium vom Fest des heiligen Ignatius, 31. Juli).

Ein dreifaches Geheimnis

Der traditionellen Lehre gemäß hat das II. Vatikanum die einzigartige Bedeutung des eucharistischen Heilandes betont, indem sie ihn als den "ganzen Reichtum der Kirche und die Quelle, aus der die Gnaden aller Sakramente fließen" preist. Das eucharistische Sakrament stellt sich uns in drei Geheimnissen dar. Vor allem ist da die wahre Gegenwart Jesu Christi. Er, der Gründer und Stifter der Kirche, der Ursprung aller Gnaden, der Urheber unseres Glaubens und aller Sakramente, ist wahrhaft, wirklich und wesentlich gegenwärtig, ganz ausgestattet mit göttlicher Fülle und verklärter Menschheit.

Newman konnte nach seiner Konversion nie genug von der freudigen

Erkenntnis bekommen, in unseren Kirchen das zu finden, was er einen "unsagbaren Schatz" nannte, die ständige Gegenwart des fleischgewordenen Wortes. Unsere Liebe Frau wies auf diesen Punkt in einer ihrer Botschaften hin. "Die Kirchen verdienen Ehrfurcht und sollen als heilig betrachtet werden, denn Gott, der Mensch geworden ist, wohnt in ihnen Tag und Nacht." (25.4.1988).

An zweiter Stelle zeigt sich das eucharistische Sakrament in der Messe durch das Geheimnis des heiligen Opfertodes des Herrn. Dieses findet statt, wenn Brot und Wein in den Leib und das Blut dessen verwandelt werden, der in dieser sakramentalen Handlung, wie er es am Karfreitag tat, beides ist, Priester und Opfer.

Mit gutem Grund konnte deswegen die Muttergottes die Seher belehren: "Die Messe ist das großartigste aller Gebete. Ihr werdet niemals imstande sein, ihre Größe zu erfassen." (15. Mai 1983). Der heilige Johannes Maria Vianney sagte gewöhnlich, wenn wir die heilige Messe in ihrem eigentlichen wahren Wesen erkennen würden, "würden wir sterben vor Liebe und Dankbarkeit." Der dritte Aspekt des eucharistischen Geheimnisses besteht darin, daß es uns die wahre Gegenwart des Herrn in der heiligen Kommunion bringt, d.h. lebendiges Brot, geistige Speise, Wegzehrung auf der langen Pilgerreise unseres Lebens.

Darüber hinaus ist die dauernde Gegenwart des Allerheiligsten Sakramentes in unseren Tabernakeln eine beständige Einladung an uns, den Herrn in inniger geistiger Vereinigung mit ihm anzubeten und uns so mit den Schätzen zu bereichern, die er vergibt.

Die Mutter des eucharistischen Jesus ist hocherfreut, wenn wir das tun. "Ich danke euch, daß ihr meinen Sohn in der geweihten Hostie anbetet," sagte sie einmal zu der Seherin Jelena, nachdem diese dort eine Gebetsstunde verbracht hatte, "das berührt mich sehr." (26.1.1984). Einen ähnlichen milden Ruf richtete sie an die Seherin von Garabandal: "Conchita," sagte sie, "warum gehst du nicht öfter und besuchst meinen Sohn im Tabernakel? Er wartet dort auf dich Tag und Nacht." Die Jungfrau von Medjugorje bittet uns, indem sie unsere Aufmerksamkeit immer intensiver auf das eucharistische Geheimnis lenkt, "so tief ihr nur könnt" in das wahre Verständnis für die Eucharistie einzudringen. (1.6.1984). So wollen wir aus dieser Sicht die drei Aspekte des soeben betrachteten Geheimnisses näher kennenlernen.

Der Herr ist gegenwärtig
So wirklich er in Bethanien war, so wirklich ist der Herr in unseren Tabernakeln gegenwärtig und lädt uns ein, uns mit ihm im Glauben und in der Liebe zu vereinen. Seine Gegenwart hier geschieht in der sakramentalen Gestalt einer runden Hostie aus Weizen, einer zerbrechlichen Scheibe ungesäuerten Brotes, das nach seiner Umwandlung durch das Weihegebet des Priesters nunmehr die Identität Jesu, des allmächtigen Gottes, des Sohnes der Jungfrau Maria hat. Mit den Worten des heiligen Robert Southwell: "Der Schöpfer des Brotes wohnt in einer kleinen Hostie." Natürlich können wir weder mit den Sinnen noch mit dem Verstand Gottes Gegenwart im Allerheiligsten Sakrament begreifen. Wir können dies nur mit dem Glauben. Wir können auch erkennen, warum Unsere Liebe Frau - wie uns die Seher berichten - dieses Sakrament so preist, das seinen wahren Höhepunkt in der heiligen Messe hat. Wir ehren das Allerheiligste als ein Geheimnis des Glaubens. Es ist das Geheimnis, das die Glaubensquelle für alle anderen Sakramente ist, weil in jenen Jesus wirksam ist, weil aber in diesem Gott selbst gegenwärtig ist als höchste Autorität des Glaubens und schließlich als derjenige, der alles erfüllt.

Weil der Glaube vollkommen die Offenbarung zur Grundlage hat, die von der unfehlbaren Kirche gelehrt wird, kann er im Blick auf dieses Geheimnis gestärkt werden. "Ein Gott, der Mensch wurde," sagt Chesterton, "sollte keine Schwierigkeit haben, Brot zu werden." Newman betont, daß die stoffliche Umwandlung zwar schwer verständlich ist und daß es unmöglich ist, sie sich vorzustellen. "Aber wie schwierig ist es," fährt er fort, "sie zu glauben?" Das sanfte Leuchten des Ewigen Lichtes signalisiert die Gegenwart von ihm, der das Licht des Lebens seiner Mutter und die Liebe ihres ganzen Herzens ist. Kein Wunder also, daß sie uns immer wieder auffordert, uns regelmäßig, gläubig und vertrauensvoll dem Tabernakel zu nähern. Sie sagt, ähnlich wie auch der heilige Johannes Maria Vianney: "Dort findet ihr alles, meine Kinder." Oder wie der heilige Peter Eymard es ausdrückt: "Behandelt das Allerheiligste Sakrament wie eine lebendige Person!"

Die eucharistische Anbetung
Großer Wert wird von der Muttergottes auf die eucharistische Anbetung gelegt. Es wurde schon erwähnt, wie sie sich bei Jelena dafür be-

dankte, daß sie einige Zeit vor dem Allerheiligsten Sakrament verbracht hatte. Bei einer anderen Gelegenheit äußerte sie ihre große Freude darüber, daß das Mädchen nach der heiligen Messe noch zur Anbetung blieb, und sie fügte hinzu, daß das "sehr schön" von ihr gewesen sei. (25.8.1983). Den Gebetsgruppen hat die Gospa aufgetragen, so viel Zeit wie nur möglich vor der Gegenwart ihres eucharistischen Sohnes zu verbringen.

Mit der Förderung der Verehrung des Altarsakramentes greift die Mutter der Kirche wieder auf, was einige Päpste in jüngerer Zeit gesagt haben. Paul VI. z.b. empfahl allen Gläubigen, den Herrn im Tabernakel nach Möglichkeit täglich zu besuchen. Auch Johannes Paul II. erklärte anläßlich seiner täglichen Aussetzung des Allerheiligsten in der Basilika von St. Peter im Jahre 1991: "Die Kirche und die ganze Welt haben ein großes Bedürfnis nach der eucharistischen Verehrung. Jesus wartet auf uns im Sakrament der Liebe. Nehmen wir uns viel Zeit, ihm zu begegnen mit der Bereitschaft, Sühne zu leisten für die Sünden der Welt!" Die Königin des Friedens lädt uns ein, uns so oft wie möglich vor dem lebenden und liebenden Himmelsbrot einzustellen, um unsere persönliche Verbindung mit ihm zu vertiefen. Das ist in der Tat der Hauptgrund für die Anwesenheit unseres Herrn.

"Die Eucharistie," sagt Papst Johannes Paul II., "bringt uns auf einem erstaunlichen Weg Gott nahe. Sie ist das Sakrament seiner Verbindung mit den Menschen." Als zusätzlichen Ansporn gewährt die Kirche einen vollkommenen Ablaß (zu den üblichen Bedingungen) für das Rosenkranzgebet oder das Verweilen von wenigstens einer halben Stunde vor dem Allerheiligsten Altarsakrament.

Die Angewohnheit, eine ganze Stunde vor der heiligen Gegenwart des Herrn zu verbringen, die sich in Medjugorje großer Beliebtheit erfreut, greift unter den Pilgern aus aller Welt schnell um sich. "Könnt ihr nicht eine Stunde mit mir wachen?" Genugtuung für die Sünden in der Vereinigung mit Christus am Ölberg ist ein charakteristisches Element dieser Verehrung. Sie bietet eine günstige Gelegenheit, für Sünder und Ungläubige zu beten, für die aus der Gruppe der Seher besonders Mirjana ein so tiefes Mitleid empfindet.

Eucharistische Entwicklungen

Eine der bewegendsten und bedeutendsten Entwicklungen von Medjugorje ist die "**Jugend 2000**". Es handelt sich dabei um eine internationale Bewegung, die seit 1989 Tausende von jungen Menschen jeden Sommer für eine Woche nach Medjugorje führt, zu einem Festival des Gebetes, hauptsächlich um das Zentrum des Allerheiligsten Sakramentes.

Eine weitere durch Medjugorje inspirierte Entwicklung ist, genauso wie die "**Jugend 2000**", die Bildung von Gebetsgruppen der Jugend, die über die ganze Welt mit Hingabe das eucharistische Sakrament anbeten. Man darf hoffen, daß durch diese Gebetsgruppen eine andere eucharistische Entwicklung gefördert wird, die den Schwung und das Feuer von Medjugorje gewinnt, nämlich die ständige Anbetung vor dem Allerheiligsten in allen Kirchen der Welt.

Nach der Messe ist dies gewiß die krönende Form eucharistischer Anbetung, die zahlreiche Gnaden nicht nur für die Pfarreien bringt, sondern für die ganze Welt. Kardinal Gagnon gestand, daß er seine Priesterberufung der Tatsache verdankt, in einer Gemeinde gelebt zu haben, in der die ständige Anbetung praktiziert wurde. Und Mutter Teresa sagt in ähnlicher Weise: "Die ständige Anbetung gehört zum Schönsten, das man tun kann.

Die Menschen hungern nach Gott."

Das heilige Meßopfer

Wir wenden uns nun dem zweiten Aspekt des eucharistischen Geheimnisses zu, der wahren Gegenwart nicht nur des auferstandenen Herrn, sondern auch der Vergegenwärtigung seines Versöhnungsopfers, des Karfreitags. Mit anderen Worten: Der Spender und das Opfer dieser heiligen Handlung macht auf dem Altar das Opfer wieder gegenwärtig in einer wirklichen, wenn auch sakramentalen Form, dasselbe Opfer, das er am Kreuz für uns darbrachte.

Was diese erstaunliche, erneute Darbringung des Opfers unseres Herrn auf Golgotha bewirkt, das sind die vom Priester über Brot und Wein gesprochenen Wandlungsworte. Die Opfergaben werden in Christi Leib und Blut verwandelt und die getrennte Verwandlung weist auf die wirkliche Trennung des Blutes vom Leib des Herrn auf Golgotha hin. So ist das Opfer der heiligen Messe substantiell identisch mit dem Blutopfer, das von der Mutter des höchsten Priesters bezeugt wird, als sie unter diesem harten, aufgerichteten Altar, dem Kreuze, stand.

Niemand könnte daher besser als sie, die Mutter des eucharistischen Heilandes, die volle Bedeutung der Worte des heiligen Paulus verstehen: "Sooft ihr dieses Brot eßt und diesen Kelch trinkt, verkündet ihr den Tod des Herrn, bis er wiederkommt." (1 Kor. 11,26).

Maria betont die heilige Messe

Das ist der Grund, weshalb der heiligen Messe von der Mutter Jesu eine zentrale Bedeutung gegeben wird. In einer großen Zahl von Botschaften, die verschiedentlich den Sehern und auch Jelena gegeben wurden, leitet sie uns an, die heilige Messe als den "Mittelpunkt unseres Lebens und die höchste Form des Gebetes" anzusehen (März 1983). Sie hebt ihre "Größe und Schönheit" hervor (3.4.1986). Wir sollen die heilige Messe lieben, weil sie uns Gott in einzigartiger Weise erfahren läßt (16.5.1985).

Es ist ihr Wunsch, daß die heilige Messe unser "höchstes Geschenk für jeden Tag" wird, da sie unerschöpfliche Schätze gibt und überreiche Gnaden durch Jesus (30.3.1984). Es ist ihr weiterer Wunsch, daß wir sie annehmen "mit aktiver Teilnahme und mit Liebe im Herzen" (3.4.1986; 11.1.1982).

Als zusätzlichen Ansporn, der heiligen Messe womöglich jeden Tag beizuwohnen, lädt uns die Mutter des eucharistischen Herrn ein, ihr damit "euere Liebe zu zeigen", wobei sie uns verspricht, daß ihr Sohn uns überreich beschenken wird (21.11.1985). Auch kleine Kinder, sagt sie, sollen mitgenommen werden (7.3.1985). Ihre besondere Sehnsucht ist, daß wir die "heilige Messe leben" sollen (25.4.1988). Mit anderen Worten: Wir sollen sie zu einem "bewußten Teil eures Lebens" machen (3.4.1986).

Durch die Linse des Glaubens

Die eucharistischen Geheimnisse sind so erhaben, daß wir erkennen können, warum die Gottesmutter von uns verlangt, so tief wie möglich durch den Glauben, unterstützt von der Vernunft, in ihre Bedeutung einzudringen. Darum sollen wir in der Fähigkeit wachsen, diese Geheimnisse immer mehr zu lieben und immer besser nach ihnen zu leben.

Durch den Empfang dieses Sakramentes, das zu Recht "allerheilig" genannt wird, wiederholt das fleischgewordene Wort seinen Opfertod des Karfreitags für unsere sündenbeladenen Seelen über die Grenzen von Zeit und Raum. Wir hingegen, dankbar für dieses Sakrament, werden befähigt, die blutige Wirklichkeit der Kreuzigung und des Todes unseres Erlösers durch die Linse des Glaubens zu betrachten.

Durch die heilige Messe - auch das erkennen wir mit der starken Linse des Glaubens - werden wir fähig, den Christus des letzten Abendmahls zu sehen, wie er für uns das Sakrament seiner Liebe eingesetzt hat und wie er sich uns selbst zum Opfer darbietet. Er tut dies in Vorwegnahme des gleichen Opfers, das er am darauffolgenden Tag auf dem Kalvarienberg selber ist, das er aber auch in all den folgenden Jahrhunderten auf den unzähligen geweihten Altären der Welt darbringt.

Diese Betrachtungen brachten Newman zu der Aussage: "Nichts ist so tröstlich, so eindringlich, so aufwühlend und so überwältigend wie die heilige Messe. Es ist nicht so sehr eine Form der Worte. Es ist das größte Ereignis, das es auf Erden gibt."

Die heilige Messe in Medjugorje

Bereits sehr früh in der Geschichte von Medjugorje - genau am 8. Tag - lenkte die Königin des Friedens die Ereignisse und die Umstände so, daß ihre tägliche Erscheinung vor den Sehern in die Abendliturgie miteinbezogen wurde, die aus dem Rosenkranzgebet und der darauffolgenden heiligen Messe besteht. Das glückliche Ergebnis ist, daß die Abendliturgie der Hauptpunkt im täglichen Programm von Medjugorje geworden ist. Wie wichtig diese Prioritäten sind, zeigte einmal die Seherin Marija, als sie sagte, daß sie sich immer, wenn sie vor die Wahl gestellt wäre, eine Erscheinung zu haben oder die heilige Messe zu besuchen, für das letztere entscheiden würde.

Medjugorje ist bereits zu einem eucharistischen Riesen geworden, wenn man an die vielen Messen denkt, die dort schon von Zehntausenden von Pilgerpriestern gefeiert wurden. Es gibt je eine gemeinsame Messe zu einem bestimmten Zeitpunkt am Vormittag für jede der am stärksten vertretenen Sprachgruppen. Die heilige Messe für englischsprechende Pilger (gewöhnlich um 10 Uhr) kann bis zu 30 oder 40 gemeinsam zelebrierende Priester versammeln.

Aber es ist die Abendliturgie, die den Höhepunkt des täglichen Programms bildet. Die doppeltürmige Kirche ist dann vollbesetzt mit Menschen bis zum letzten winzigen Plätzchen. Dazu kommt die riesige Menge derer, die sich noch außerhalb der Kirche versammeln. Bei gutem Wetter wird der neue Pavillon mit seiner gewölbten Überdachung als Heiligtum genutzt, um den sich die überwältigende Gemeinschaft der Pilgerscharen ganz von selbst ausbreitet.

Ganz sicher ist die Abendliturgie einzigartig, überwältigend und unvergeßlich. Es herrscht eine wunderbare Atmosphäre von Gläubigkeit und Ehrfurcht bei dieser riesengroßen Versammlung.

Ihre vielvölkerische, vielsprachige Zusammensetzung macht sie zu einem Mikrokosmos der Weltkirche. Man fühlt lebhaft, daß die Eucharistie wahrhaftig ein Symbol der Einheit der Kirche ist, das Brot, das die Glieder des Leibes Christi heiligt und nährt.

Eine andere nachhaltige Erinnerung bewirkt das gemeinsame Singen von Hymnen und Liedern bei der abendlichen Liturgiefeier.

Dies geschieht so geisterfüllt und andächtig, wie man es sicher lange nicht gehört hat. Eine ehrenhafte Erwähnung verdient auch das tapfere kleine Harmonium, das die Gesänge begleitet, jene stets wiederkehrenden Melodien, die den Reiz der langsamen slawischen Hymnen ausmachen.

Für die mitzelebrierenden Priester der Abendmesse ist es eine unvergeßliche Erfahrung, in das Meer von Gesichtern zu schauen und die Atmosphäre von Glaube und Hingabe zu spüren.

Eine andere bewegende Erfahrung besteht darin, mit Dutzenden von Priestern gemeinsam die heilige Messe zu feiern und so vielen Menschen die heilige Kommunion auszuteilen. Wenn man an den langen Reihen wartender Kommunionempfänger im Freien - in der milden Abendluft - vorbeigeht, nimmt man die prächtigen Strahlen des Abendrots wahr, die die Silhouette der westlichen Berge scharf gegen den Himmel abzeichnen.

Das Brot des Lebens

Wir kommen nun zum dritten Aspekt des eucharistischen Sakraments, namentlich seiner Funktion als Nahrung für die Seelen, die heilige Kommunion. In diesem Zusammenhang gibt es überraschende Statistiken über die Gesamtzahl von Hostien, die in den ersten 10 Jahren in Medjugorje verteilt worden sind. Nach glaubwürdigen Schätzungen belaufen sie sich auf mehr als 20 Millionen.

Eine bedeutende Zahl von Kommunikanten sind junge Menschen. Dabei kommen uns die Worte Kardinal Newmans in den Sinn. "Es ist der besondere Wert der katholischen Religion," sagt er, "daß sie die Gabe besitzt, das Herz der Jugend zu reinigen. Das ist deswegen möglich, weil sie uns Jesus als unser Brot und Maria als unsere Nährmutter gibt." Unsere himmlische Nährmutter empfiehlt nachdrücklich die häufige Kommunion. Gleichzeitig ruft sie zur regelmäßigen Beichte auf, weil dieses dafür besonders ausersehene Sakrament uns, wie der heilige Thomas lehrt, auf den würdigen Empfang der heiligen Kommunion vorbereitet.

Die heilige Kommunion ist die grundlegende geistliche Nahrung, das Brot des Lebens. "Wenn der Priester das Allerheiligste aussetzt und die heilige Hostie euch zeigt," so erklärte es einmal der heilige Pfarrer von Ars, "könnt ihr sagen: Hier ist meine Nahrung!" Weil sie aber Nahrung ist, nährt und erhält uns die heilige Kommunion, baut sie unser Leben auf und läßt uns in der Gnade wachsen. Und als Folge dieses Wachstumsprozesses stärkt sie uns gegen unsere eigenen menschlichen Schwächen und die Gefahren, in die wir durch die teuflischen Versuchungen immer wieder geraten. Der heilige Chrysostomus schrieb dazu: "Laßt uns vom Tisch des Herrn gehen wie Löwen, Feuer ausströmend, das den Teufel in Schrecken versetzt!" Die heilige Kommunion ist uns auch ein wirksames Pfand, eine Garantie für unsere leibliche Auferstehung. Er, der die Auferstehung und das Leben ist, verknüpfte dieses heilige Versprechen mit der Aufnahme seines Leibes in der Eucharistie (vgl. Joh. 6,40). Mehr noch: Seine Gegenwart im Allerheiligsten Sakrament ist mit seiner Auffahrt in den Himmel das Vorbild für unsere eigene leibliche Auferstehung (vgl. Phil. 3,21).

Mutter der Eucharistie

Das II. Vatikanum schließt, wenn es von der "engen und unauflöslichen Einheit von Jesus und Maria" spricht, ein, daß "diese sich auf Jesus im Allerheiligsten Altarsakrament bezieht." So muß es tatsächlich sein. Maria erfreut sich unvermindert der glückseligen Schau. Daher ist sie ihrem eucharistischen Sohn ganz gegenwärtig, aber nicht weniger auch dem Vater und dem Heiligen Geist, wie die drei göttlichen Personen innig verbunden sind in der Wesenseinheit ihres Seins. Mit Maria nehmen alle Engel und Heiligen im geheiligten Bereich des Tabernakels an der Schau von Gottes Herrlichkeit teil. So ist die Königin des Himmels und der ganze himmlische Hof der Gegenwart Christi im Tabernakel stets nahe. "Liebe Kinder," so beginnt eine frühe Botschaft, "betet das Allerheiligste Sakrament des Altares unaufhörlich an! Ich bin immer anwesend, wenn die Gläubigen dort beten. In dieser Zeit werden sie besondere Gnaden erlangen." (15.3.1984).

Kein Wunder also, wenn die Königin des Friedens darauf hinweist, daß alle Wege Medjugorjes zum Tabernakel führen als zu seinem Herzen und seinem Mittelpunkt.

Eucharistie und Botschaft

Die Verknüpfung zwischen der Eucharistie und der marianischen Botschaft ist sehr eng. Zunächst wiederholt die Botschaft der Muttergottes einfach das, was ihr Sohn im Evangelium verkündet. Sodann verkörpert er aber selbst ihre Botschaft und lebt in ihr durch das Sakrament. Darin bietet er nicht nur höchste Verehrung für den himmlischen Vater, sondern er bietet auch sich selbst als Opfer für unsere Sünden an. Als Urheber unseres Glaubens macht er uns fähig, diese Geheimnisse anzunehmen und sie - soweit es uns möglich ist - auch zu verstehen. Das Gebet wird unaufhörlich vom Haupt des mystischen Leibes für alle seine Glieder angeboten. Die Tilgung der Sünden und der Friede mit Gott werden durch das am Kreuz vergossene Blut erreicht, das sich ständig neu verströmt, sooft die Wandlungsworte am Altar gesprochen werden.

Gerade durch das Allerheiligste Sakrament werden die Anliegen der Botschaft Unserer Lieben Frau in besonderem Maße erhellt und hervorgehoben. In der heiligen Messe bringen wir mit ihm dem Vater höchste Ehre dar, außerdem Reue über unsere Sünden.

Unser Glaube ist auf diese Übereinstimmung gegründet, es ist das Geheimnis des Glaubens schlechthin.

Den gleichen Gewinn erlangen wir für unser Gebetsleben. Zudem empfangen wir einen stets neuen Antrieb, eine tiefe Reue über unsere Fehler zu entwickeln. Wenn wir uns die Beleidigungen des Herrn in unserem Herzen mehr und mehr bewußt machen, kann sein Leben in uns wachsen (vgl. 2 Kor. 4,10). Schließlich verbindet uns die Eucharistie mit dem Friedensfürsten selbst, der ständig gegenwärtig ist im erhabenen Sakrament des Friedens.

Kroatisches Bethlehem

In Medjugorje, dem Schauplatz unzähliger heiliger Messen, millionenfacher Kommunionen und großer eucharistischer Anbetung, werden Massen von Pilgern durch Maria zu Jesus geführt. Dieses sonst unbedeutende Dörfchen, eingebettet zwischen Hügeln, wird einem anderen Dorf ähnlich, das mitten in den rauhen Bergen von Judäa gelegen ist, was übersetzt "Haus des Brotes" heißt. Medjugorje ist vergleichbar mit Bethlehem, ein Haus des Brotes, des Brotes des Lebens, das die Eucharistie ja ist. Und zu diesem Bethlehem unserer Tage kommen Scharen von weisen Männern und Frauen, die aus allen Richtungen durch den Stern des Glaubens dorthin geführt werden. Wie ihre biblischen Vorbilder finden sie die strahlende junge Mutter mit ihrem Kind - nun eingehüllt in die Windeln der Eucharistie, in der Krippe liegend, die der Tabernakel ist. Zuerst verehren sie die heilige junge Mutter. Dann knien sie nieder, beten das Kind an und bieten ihm ihre Geschenke - ein fünffaches Geschenk, das von der Muttergottes so beschrieben wird: Treue zu Gott und Meiden der Sünde; Glaube an das, was Gott uns durch seine Kirche lehrt; Inständigkeit des Gebetes; Bereitschaft zu Buße und Wiedergutmachung der Sünden sowie Frieden und Versöhnung mit Gott und dem Nächsten.

Abschließendes Gebet zur Gospa

Wir danken dir, heilige Mutter des eucharistischen Herrn für das helle Licht, das von Medjugorje auf diese heiligen Geheimnisse strahlt und für deine herzliche und inständige Ermutigung zu ihrer Verehrung. Erwecke in uns eine tiefe und zärtliche Anbetung deines immer in der Hülle des Tabernakels gegenwärtigen Sohnes.
Erwirke uns die Gnade, heilige Madonna von Medjugorje, mehr und mehr die heilige Messe und die heilige Kommunion zur Mitte unseres täglichen Lebens zu machen. Vermittle uns auch die Gnade, reinste und schönste Mutter Maria, stets zu wachsen in der Intensität der eucharistischen Anbetung, einschließlich der heiligen Stunde, zur Sühne für die Sünden der Welt. Wir bitten dich, den himmlischen Vater anzuflehen,

daß von Medjugorje die Verbreitung der ständigen Anbetung des Allerheiligsten Sakramentes in vielen anderen Pfarrgemeinden der Welt ausgehen kann.

O Mutter des Allerheiligsten Sakramentes, gib uns Kraft, bis zu unserem Tode in der Gnade, im Frieden deines göttlichen Sohnes zu verharren, damit wir das ewige Leben und die Auferstehung unseres Leibes verdienen, für die seine glorreiche Anwesenheit im Tabernakel das Vorbild, die Verheißung und das Unterpfand ist.

6. WIR WANDERN MIT ENGELN

Am 7. Mai 1985 hatte die Seherin Ivanka ihre letzte regelmäßige Erscheinung. In ihrem Bericht darüber schrieb sie: "Ich habe Maria niemals so schön, so ganz zart und schön gesehen wie an diesem Abend. Und ihr Gewand, das -wie auch ihr Schleier und ihre Krone- mit goldenen und silbernen Lichtpunkten bedeckt war, war das Lieblichste, was ich jemals in meinem Leben gesehen habe. Bei der Gottesmutter waren zwei Engel, ebenfalls in goldene und silberne Gewänder gehüllt. Auch sie waren sehr schön. Es fehlen mir die Worte, es zu beschreiben." Eine ähnliche Beschreibung wurde von der Seherin Marija am Fest der Aufnahme Mariens in den Himmel im Jahre 1988 gegeben. "Am späten Abend auf dem Erscheinungsberg," sagte sie, "kam die Muttergottes und trug ein wunderschönes goldenes Gewand. Sie war sehr erfreut, eine so große Menge von Menschen zu sehen, und segnete jeden. Bei ihr waren drei Engel." Ebenfalls drei Engel waren es, die die Muttergottes bei einer Erscheinung des Sehers Ivan in der Nacht des 22. November 1988 begleiteten. Das war in der Kapelle Unserer Lieben Frau von den Engeln, in der Klosterkapelle, die an Mutter Angelikas berühmten TV-Studios in Alabama angeschlossen ist.

Weitere Zeugnisse

Die Seher der inneren Schau von Medjugorje bezeugen desgleichen die Gegenwart und die Tätigkeit von Engeln in der ihnen zugeeigneten Rolle, nämlich der inneren Anschauung der Gottesmutter und anderer himmlischer Besucher, deren Botschaften sie hören und zum Segen für andere gewissenhaft weitergeben. Anfänglich war es Jelenas Schutzengel, dessen Stimme sie vernahm in der Woche, als sie sich auf das Erscheinen der Gottesmutter im Dezember 1982 vorbereitete. Später sollte sie öfters bis zu sechs oder sieben Engel sehen, die die Gospa lobsingend umgaben.

Es ist inzwischen fast zur Gewohnheit geworden, daß die Muttergottes von Medjugorje von Engeln begleitet wird, gewöhnlich von dreien, aber manchmal auch von mehr. Dies geschieht besonders bei ihren spätabendlichen Erscheinungen auf dem Erscheinungsberg und auf dem Kreuzberg.

Mirjana berichtet über eine Variante dazu bei der alljährlichen Erscheinung an ihrem Geburtstag, dem 17. März 1991: "Als Unsere Liebe Frau mich verließ," sagte sie, "öffnete sich der Himmel und ich sah drei Engel, die sie erwarteten. Nur einmal zuvor im August 1981 - hatte ich Engel so auf sie warten sehen, nachdem sie bei uns gewesen war." Sicherlich könnte niemals etwas Zweckloses und Ungeplantes in ihren Worten und Handlungen sein, die ja der Sitz der Weisheit ist, vielmehr hat jedes einzelne Detail seinen besonderen Sinn und Zweck. Warum also erleben wir die Tatsache, daß uns die Gottesmutter in Medjugorje die Engel so regelmäßig in unser Blickfeld rückt?

Die Wirklichkeit der Engel

Zuerst bekräftigt Maria zum Segen für die Welt, die mehr und mehr im Materialismus zu versinken droht und das Geistige und Übernatürliche geringschätzt, daß Engel wirklich existieren. Mehr noch: Sie sind geradezu lebenswichtig für das menschliche Geschick. Unser liebender Vater im Himmel hat seinen Engeln ja befohlen, uns zu behüten auf allen unseren Wegen (vgl. Psalm 91,11). Die Engel sind ein Teil der Schöpfung Gottes. "Millionen von geistigen Wesen wandeln unsichtbar auf der Erde, wenn wir schlafen und wenn wir wachen." Diese Sichtweise Miltons entspricht der christlichen Tradition. Niemand war sich dessen mehr bewußt als Papst Pius XII. Kurz vor seinem Tod 1958 forderte er Rompilger auf: "Versucht euer Bewußtsein für die unsichtbare Welt um euch zu wecken und zu schärfen und baut eine vertraute Beziehung zu den Engeln auf! Ihr werdet, so verspricht es Gott, eine Ewigkeit der Freude mit ihnen verbringen. Deshalb fangt an, sie kennenzulernen!" In ähnlicher Weise öffnet uns die Madonna von Medjugorje die Augen für die unsichtbare Welt der Engel, die in unserer materialistischen Welt besteht und sie umgibt. Sie wünscht, daß wir größten Gewinn haben aus der Erkenntnis, wofür es die Engel gibt - ihre Dienste, ihre Begleitung, ihre Führung und ihre Inspiration. Denn das ist deren fürsorgliche Aufgabe. Der heilige Paulus sagt: "Alle Engel sind dienstbereite Geister, die von Gott ausgesandt werden, wenn die von ihm erwählten Erben des ewigen Heiles sie brauchen." (Hebr. 1,14).

Traditionelle Wahrheiten
Es geschieht natürlich durch den Glauben, mit dem wir unsere himmlischen Freunde wahrnehmen und uns mit ihnen unterhalten. In der Tat ist die Wirklichkeit der Engel eine Glaubenswahrheit, und zwar eine bindende. Wir bestätigen es immer, wenn wir den Glauben an den Schöpfer "aller sichtbaren und unsichtbaren Dinge" bezeugen. Die Existenz und die Dienstbarkeit unserer unsichtbaren Helfer ist zunächst bereits im Alten und im Neuen Testament begründet. Die lange Tradition der Kirche und die tägliche Liturgie bekräftigen diese Wahrheit deutlich. Ebenfalls geschieht dies in der Lehre der Kirche. Das II. Vatikanische Konzil wiederholt deswegen nur eine alte Praxis der Kirche, wenn es uns aneifert, "die Engel zu verehren und sie um ihre Hilfe zu bitten." So erweckt die himmlische Mutter in einer Linie mit der Glaubenspädagogik von Medjugorje unsere Aufmerksamkeit für Wahrheiten, die in der christlichen Heilslehre verwurzelt sind. Leider werden diese Wahrheiten heute vielfach vernachlässigt oder sogar im Namen eines theologischen Fortschritts geleugnet.

Die Königin der Engel
Die Seherin Marija erklärt, daß, wenn die Muttergottes in Begleitung von Engeln erscheint, diese ganz vertieft sind in ihrer Aufmerksamkeit und Verehrung, sodaß sie unaufhörlich während der ganzen Erscheinung ihr den Blick zuwenden. Dies wirft ein bezeichnendes Licht auf die Tatsache, daß die Engel Maria treu und liebevoll ergeben sind. Sie zeigen tiefste Ehrerbietung gegenüber ihrer Königin.
Und das ist sie ganz gewiß. Pius XII. widmete ihr eine ganze Enzyklika als "Königin der Engel." Damit drückte er mit vollem Recht aus, was die alte universale Überlieferung zu Ehren der Gottesmutter mit diesem Titel definiert. Es ist auch nicht schwer, den theologischen Grund dafür zu sehen. Als Mutter des Schöpfers ist sie ja auch die Mutter alles Geschaffenen, also auch der Engel. Und als Mutter des Erlösers, des Christkönigs, teilt sie seine königliche Würde und übt so ihre Regentschaft und ihre Souveränität über Himmel und Erde aus. Das Konzil sagt: "Die ganz heilige Muttergottes wurde durch göttliche Gnade über alle Engel und Menschen erhoben." Von daher kommt es auch, um Papst Leo XIII. zu zitieren, daß die Jungfrau Maria "ihre übergroße Macht in der Verteilung von Gnaden" ausübt.

Die Frau mit der Sonne bekleidet

Die Häufigkeit, mit der Maria Engel in die Szenerie von Medjugorje bringt, spiegelt eine weitere bedeutende Tatsache wider, die vielfach in alter, aber auch in moderner empfehlenswerter Literatur beschrieben wird. Die Engel, die Maria in Heiligkeit ergeben sind, schauen zu ihr auf als zu ihrer Führerin im Kampf gegen Luzifer und seine mitgefallenen Engel.

Maria ist die Frau aus der Apokalypse. Sie ist die Frau, mit der Sonne bekleidet, den Mond unter ihren Füßen und über ihrem Haupt einen Kranz von zwölf Sternen. Unter ihrem Banner ordnet der Erzengel Michael die himmlischen Heerscharen zum unerbittlichen Kampf gegen den Roten Drachen, den abtrünnigen Luzifer, den Satan und seine dämonischen Horden, die Mächte der Finsternis (vgl. Offb. 12,1-18).

Aus gutem Grund schützt uns die Madonna von Medjugorje unermüdlich gegen die furchtbare Drohung und Gefahr, die sich aus der Macht dieser dämonischen Kräfte ergibt. In einer Botschaft nach der anderen drängt sie uns, vor allen Dingen zu beten - und besonders den Rosenkranz, damit wir befähigt werden, diese schädlichen geistigen Einflüsse zu überwinden, die unsere Welt in diesen dunklen Tagen so sehr bedrohen (vgl. Eph. 6,10-12).

Unsere himmlische Mutter weiß sehr wohl, daß wir, ihre Kinder, die Schätze des Himmels in allzu zerbrechliche Krüge legen, die wir selbst sind (vgl. 2 Kor. 4,7). Deshalb müssen wir jede verfügbare Waffe der Armee Gottes benutzen, einschließlich der Kraft und des Schutzes der Engel, um die Stärke und die List des bösen Feindes zu bekämpfen (vgl. Eph. 6,13-17). Von der Königin der Engel persönlich hat die Seherin Vicka die Erkenntnis erhalten, um sagen zu können: "Wir müssen Gott jeden Tag bitten, uns den Satan vom Leib zu halten. Wir sollten auch Gebrauch von der Hilfe machen, die uns Gott durch die Engel gibt, die er angewiesen hat, uns zu beschützen." (9.9.1990).

Die marianischen Heerscharen

Der Gründer der Marianischen Priesterbewegung, Don Stefano Gobbi, empfängt viele seiner Eingebungen aus seinen regelmäßigen Pilgerfahrten nach Medjugorje. Eine besondere Botschaft, die er von der Muttergottes erhalten hat - am 29.9.1981 - paßt genau in diesen Zusammenhang. Sie trifft ebenso auf Laien wie auf Priester zu. Diese

Botschaft lautet: "In dem Kampf, zu dem ich euch aufrufe, werdet ihr durch die Engel des Lichtes besondere Hilfe und Verteidigung erfahren. Ich bin die Königin der Engel. Sie spielen eine besondere Rolle in dem Kampf zwischen mir, der sonnenbekleideten Frau, und dem Roten Drachen. Die Engel sind mit euch verbunden in der schrecklichen Schlacht gegen den Drachen und sein Gefolge.
Diese stellen euch gefährliche und furchtbare Fallen, denen ihr ohne die besondere Hilfe eurer Schutzengel nicht entkommen könnt. Deshalb wende ich mich an euch, damit ihr euch mehr und mehr den Engeln des Herrn anvertraut. Habt eine innige Vertrautheit mit ihnen, denn sie sind euch näher als eure Freunde und eure Lieben.
Wandelt im Lichte ihrer unsichtbaren, aber sicheren und kostbaren Gegenwart! Sie beten für euch, begleiten euch, tragen mit euch eure Lasten, trösten euch in euren Leiden, wachen über euren Schlaf, nehmen euch bei der Hand und geleiten euch sanft auf den Weg, den ich euch gewiesen habe."

Der Glaube im Mittelpunkt

Der Glaube allein macht es uns möglich, uns auf die Welt der Engel einzustellen und mit ihnen in einen Dialog zu treten. Deshalb ist Unsere Liebe Frau von Medjugorje, die ja auf den hohen Wert des Glaubens so großes Gewicht legt, hocherfreut, und wir selbst werden reichen Gewinn haben, wenn wir den Engeln mehr Beachtung schenken, die unter der Herrschaft der Königin des Himmels unsere ergebenen Freunde und mächtigen Helfer sind.
Deshalb wollen wir an dieser Stelle etwas erfahren über die Natur der Engel, ihren Hintergrund, ihre Geschichte und ihre enge Verflechtung ihres übernatürlichen Schicksals mit unserem eigenen menschlichen Geschick.
Sie sind geistige Wesen, die vom Schöpfer mit großen Verstandes- und Willensgaben ausgestattet sind. So sind sie, wie wir selbst, Personen, jedoch von vornehmerem Daseins- und Wirkensstand, d.h. sie sind selbstbewußt, selbstdenkend und selbstentscheidend. Im Gegensatz zu unserem leib-seelischen Sein sind sie rein geistige Wesen, die keinen irgendwie gearteten materiellen Bestand in ihrem Wesen und in ihrem Aufbau haben.
Aus diesem Grund können wir uns kein Bild von ihnen machen. Wir

können sie uns nicht bildlich vorstellen oder sie in einer konkreten Form darstellen. Da sie gänzlich immateriell sind, sind sie unsichtbar, nicht greifbar und somit ganz außerhalb der Reichweite unserer Sinne. Darum müssen Engel unbedingt eine äußere Gestalt annehmen, wenn sie erscheinen, wie dies sowohl im Alten wie auch im Neuen Testament geschieht.

Die Flügel, mit denen sie die christliche Kunst des Mittelalters und noch früherer Zeit ausgestattet hat, waren gedacht als Hinweise, um die den Engeln eigene Schnelligkeit der Gedanken und der Bewegungen auszudrücken. In der Tat bestätigen der heilige Thomas von Aquin und andere Heilige, daß Engel augenblicklich gegenwärtig werden, wohin auch immer sie ihren Geist und ihren Willen wenden. Es ist außerdem die allgemeine Lehre der Kirche, daß Gott eine sehr große Zahl dieser mächtigen und schönen Himmelsgeister geschaffen hat. Eine alte, ehrwürdige Tradition teilt sie in neun Chöre auf. Diese sind gestuft nach den jeweiligen natürlichen Gaben, mit denen sie vom Schöpfer ausgestattet worden sind.

Für oder gegen Gott

Weiterhin entspricht es der traditionellen Lehre, daß diese prächtigen himmlischen Geister vom Schöpfer mit göttlicher Gnade versehen sind, die es ihnen ermöglicht, sich seinem offenbarten Willen zu unterwerfen und so das ewige Leben mit ihm in der Herrlichkeit des Himmels zu erwerben.

Was auch immer die Kriterien ihrer moralischen Prüfung gewesen sind, so wissen wir jedoch, daß eine gewisse Anzahl von Engeln ungehorsam war. Das bedeutet, daß sie ihren freien Willen dazu mißbraucht haben, Gottes Bedingungen zu verwerfen. Ihr Anführer in diesem Aufstand gegen die göttliche Autorität war Luzifer, einer der hellsten Sterne am Firmament der Engel. Ihr Wille war von Stolz beherrscht. Obgleich ihnen aufgrund ihres klaren, intuitiven Engelverstandes vollkommen bewußt war, was die verheerenden Folgen sein würden, lehnten sie sich gegen Gott auf und mißachteten die übernatürliche Bestimmung, die ihnen von Gott verliehen war.

Der fleischgewordene Gottessohn, der ja der Augenzeuge dieser geistigen Tragödie war, sagte später: "Ich sah den Satan wie einen Blitz vom Himmel fallen." (Lk. 10,18). Luzifer, den wir Satan nennen, und sein Anhang, die Teufel, stürzten in einen selbstverschuldeten, selbstgewählten und unumkehrbaren Zustand der Trennung von Gott, des Hasses gegen ihn und alle seine Geschöpfe, besonders gegen seine menschlichen Ebenbilder. Diesen Zustand, diesen Ort nennen wir Hölle.

Die guten Engel auf der anderen Seite nahmen Gottes heiligen Willen an und verdienten sich so die Herrlichkeit des Paradieses, die ihrem Wesen nach in der beseligenden Anschauung Gottes besteht. Der Herr bezog sich hierauf, als er sagte: "Hütet euch davor, einen von diesen Kleinen zu mißachten! Ich sage euch, ihre Engel im Himmel schauen immerfort das Angesicht meines himmlischen Vaters." (Mt. 18,10).

Die Engel sind zum Dienen bereit

Der heilige Paulus sagt: "Alle Engel sind dienstbare Geister zu unserem Heil." (vgl. Hebr. 1,14). Auch unserem Herrn selbst dienten sie in vielfältiger Weise, angefangen von der Nacht seiner Geburt bis zum Tag seiner Auferstehung. Zu diesem Zusammenhang bietet uns die Mutter Angelika hilfreichen Rat für die Meditation über das Evangelium. "Es ist gut," sagt sie, "sich daran zu erinnern, daß dein Schutzengel tatsächlich unserem Herrn in seinem ganzen Leben nahe war. Wenn du daher in seelischer Not bist, dann bitte ihn, dich an alles Geschehene zu erinnern!" Die Zahl der dienenden Engel des Herrn durch all die Jahrhunderte ist Legion. Allein im Wirken der Apostel können wir die dramatischen Einwirkungen der Engel erkennen, insbesondere bei den Aposteln Petrus, Jakobus und Paulus.

Bei allen überlieferten Erscheinungen in der Zeit des Neuen Testamentes haben die Engel das Aussehen eines normalen jungen Mannes in glänzenden, weißen Gewändern angenommen (vgl Apg. 1, 10). Vermutlich hat sich auch der Erzengel Gabriel so der heiligen Jungfrau bei der Verkündigung gezeigt.

Bevorzugte Personen

Die heilige Franziska von Rom, die im 15. Jahrhundert gelebt hat, besaß das besondere Privileg, ihren Schutzengel fast ohne Unterbrechung über einen Zeitraum von mehreren Jahren zu sehen.

Dabei hat dieser die Gestalt eines kleinen, lieblichen Kindes von großer Schönheit angenommen. Seine Hände waren über der Brust ge-

kreuzt. Er trug ein langes, leuchtendes Gewand, dessen Farbe weiß, rosarot oder blau war. Faszinierend genug stimmt diese Beschreibung aber auch mit derjenigen überein, die die Seher von Medjugorje über die Engel dort gegeben haben.
Aber solche außergewöhnlichen Fälle bilden die Ausnahme. In der Regel müssen wir uns damit zufriedengeben, daß wir mit den Engeln nur über den Glauben in Verbindung kommen. Wir sehen, hören oder berühren sie nicht. Daher gehören sie nach ihrem Wesen in die Welt der unsichtbaren Wirklichkeit, die die Urheimat des Glaubens ist. Der Glaube ist es auch, der uns fähig macht, mit den Engeln auf geistige Weise in Verbindung zu treten. "Wir tun dies," sagt der heilige Thomas, "mit unserem Geist, der in dieser Welt unvollkommen, aber vollkommen in der nächsten ist."

Engel sind unsere Freunde

Eine goldene Regel hat uns der heilige Papst Leo der Große gegeben. "Macht euch Freunde," rät er, "bei den Engeln!" Das hat den heiligen Franz von Sales angeregt, zu schreiben: "Mache dich selbst zum Freund der Engel und halte zu ihnen Verbindung im Geiste, damit sie, obgleich sie unsichtbar sind, doch stets bei dir sind!" Abgesehen davon, daß sie uns gegenwärtig sind, können die Engel unsere Gedanken lesen, wenn wir uns ihnen geistig zuwenden.
Ebenfalls können sie wie in einem Buch an unserem Denken, unserer Phantasie und an unseren äußeren Sinnen teilnehmen. Über diese Wege und Tore können und werden die Engel andererseits uns erleuchten und geleiten.
Ganz besonders sollten wir natürlich den uns von Gott gegebenen Schutzengel zum Freunde machen, der ununterbrochen das Angesicht Gottes, unseres Vaters, schaut. Von ihm hat er göttliche Vollmachten und den Auftrag, uns ständig als Beschützer, Berater, Führer und Begleiter zur Seite zu stehen.

Unsere Schutzengel

Diese tröstliche Gewißheit wird von der Kirche stets gelehrt, die sogar einen besonderen Festtag der Schutzengel eingeführt hat, der alljährlich am 2. Oktober begangen wird. In der Liturgie dieses Tages übernimmt die Kirche die Gedanken des heiligen Thomas bezüglich der

Rolle der Schutzengel. Ihnen kommt - so sagt er - im Hinblick auf jeden einzelnen "eine besondere Bedeutung in der göttlichen Vorsehung" zu. Niemand hat diese tröstliche und ehrwürdige Lehre besser verstanden als Kardinal Newman. "Ich wünsche, mit dir eine bewußte Gemeinschaft zu haben," vertraute er seinem Schutzengel an. Und sein schlichtes, aber tiefes Gebet lautet: "Mein ältester Freund bist du, von der Stunde an, in der ich meinen ersten Atemzug gemacht habe. Du bist mein treuer Freund, der unfehlbar zu mir hält bis zu meinem Tod." Dieses wunderbare Geheimnis bedeutet also, daß unser lieber Vater im Himmel uns von der Geburt bis zum Tod einen engen Freund, einen vertrauten Begleiter und Führer zur Seite gegeben hat. Er hat ein göttliches Mandat für dich und dein Schicksal. Du bist in seiner Obhut, sein Mündel, sein Schützling. Er liebt dich innig mit einer an dem heiligen Feuer entzündeten Liebe, durch das sein ganzes Wesen durchglüht und verherrlicht wird - der beseligenden Anschauung Gottes. Sein erhabener Verstand kennt dich und deine Lebensgeschichte bis in die kleinsten Einzelheiten, weil er unermüdlich und stets wachsam bei dir ist, seit du den Schoß deiner Mutter verlassen hast. Immer liebevoll und wachsam wird er dir beistehen, bis du deinen letzten Atemzug machst.

Die Botschaft von Medjugorje

Die Seherin Marija hat einen besonderen Grund, sich an ein Geschehen zu erinnern, das sich ereignet hat, als sie mit drei Freundinnen im Urlaub war. Eine der Gefährtinnen hatte spontan den Wunsch geäußert, mehr über die Engel zu erfahren. Während einer Erscheinung lud die Gospa deswegen alle vier Mädchen ein, einen Brief an ihren Schutzengel zu schreiben, in dem sie ihm für all seine Dienste danken sollten. Als dann die Muttergottes Marija am folgenden Tag erschien, war sie bezeichnenderweise in Begleitung von vier Engeln.
Es gibt im wesentlichen fünf Grunddienste, die die Engel zu unserem Wohle leisten. In einer höchst glücklichen Übereinstimmung decken diese Dienste genau die fünf Gebiete ab, in die sie von ihrer und unserer Himmelskönigin in der Botschaft von Medjugorje eingeteilt worden sind.
Zunächst helfen uns die Engel, uns mehr auf Gott auszurichten und die Sünde unter allen Umständen zu meiden. Die Gottesmutter hat, als sie

Jelena belehrte, wie sie das Vaterunser sprechen sollte, angeregt, die Engel als Vorbilder zu sehen bei dem Bemühen, unser Leben vom Willen Gottes leiten zu lassen (27.3.1985). Die heilige Franziska von Rom hat gesagt, die kleinste, auch nur in Gedanken begangene Sünde führe dazu, daß ihr Schutzengel von ihr weicht, nachdem er über ihr schwebend ein Zeichen tiefen Schmerzes gibt.
Der zweite Gegenstand, der Glaube, wird ebenso durch unseren Kontakt mit den Engeln gefestigt. Ihre tatsächliche Existenz zeigt sich uns, zusammen mit ihrer von der göttlichen Vorsehung erhaltenen Aufgabe, in erster Linie in unserem aktiven Glaubensleben. Und dieses höchste Geschenk Gottes wächst immer mehr dank der heilsamen Übung, daß wir unsere innere Verbindung mit der Gemeinschaft der unsichtbaren Engelwelt beharrlich fortsetzen.

Unsere Engelfreunde erfüllt es mit besonderer Freude, wenn sie sehen, daß wir uns dem eucharistischen Herrn nähern. So werden wir ihn finden, der der Ursprung und das Ziel unseres Glaubens ist - Jesus, die Freude der Engel, PANIS ANGELICUS und das Brot des Lebens für die Menschen.

Für das Beten und Leben in der Gegenwart Gottes findet dieses dritte Element der Botschaft Mariens in den Engeln seine besten Vertreter und leuchtende Beispiele. In der Tat besteht ihre vornehmste Aufgabe darin, unser Gebetsleben zu schützen und zu entfalten. Auf vielfältige Weise lehren, helfen, ermutigen sie uns, fordern sie uns auf und erinnern sie uns daran, mehr und besser zu beten. Wir dürfen auch nicht vergessen, daß es unser Schutzengel ist, der unsere Gebete vor Gott hinträgt (vgl. Tob. 12,12).

Buße und Frieden

Der vierte Pfeiler der Medjugorje-Bühne ist das Praktizieren von Buße und selbstlosem, bewußtem Fasten. Darin liegt eine Schlüsselfunktion christlichen Bewußtseins, so sehr, daß die Engel in ganz besonderem Maße bemüht sind, unsere Empfänglichkeit für diese Praxis zu entfalten, damit wir lernen, bereitwillig anzunehmen, was immer an Kreuz und Leid in unser Leben kommt und daß wir mutig und stark das "Todesleiden Jesu an unserem Leib tragen, damit auch das Leben Jesu sichtbar wird an unserem Leib." (2 Kor. 4,10).
Hier kommen zwei weitere Texte in den Sinn. Einmal, daß ja die En-

gel nach seinem 40-tägigen Fasten in der Wüste zu unserem Herrn kamen und ihm dienten (vgl. Mt. 4,11; Mk. 1,13). Zweitens ist es eine übergroße Freude unter den Engeln Gottes über so viele Sünder, die als direkte Antwort auf den Ruf der Muttergottes in Medjugorje Buße tun und regelmäßig das Sakrament der Buße empfangen (vgl. Lk. 15,7). Schließlich herrscht dort Friede, die gleiche Atmosphäre, wie sie der heilige Augustinus im Paradies beschreibt, wo die Engel wohnen. Diesen Frieden rufen die Engel aus, wie sie es in Bethlehem getan haben und verbreiten ihn über die ganze Erde. Sie tun es jetzt umso eifriger, da ja die Königin des Friedens ihn zu ihrem krönenden Geschenk in Medjugorie gemacht hat. Frieden mit Gott in unserem Gewissen, Frieden in allen unseren menschlichen Beziehungen, Frieden auf unserer Erde - danach streben und dafür wirken die Engel unermüdlich.

Engelkräfte nutzen

"Du unbefleckte Braut des Heiligen Geistes, sende durch die Macht, die der ewige Vater dir über Engel und Erzengel gegeben hat, alle die himmlischen Heerscharen, an ihrer Spitze den heiligen Michael, um uns vom Teufel zu befreien und uns Heilung zu bringen!" Der Himmel hat schnell und dramatisch auf diesen dringenden Flehruf eines hoffnungslosen jungen, drogenabhängigen Italieners, Oberto Cattaneo, geantwortet. Es geschah an der vierten Station des Kreuzweges am Kreuzberg, an einem kalten, verregneten Morgen im Jahre 1986. Er fühlte sich plötzlich überwältigt von Zerknirschung und Reue über seine vergangene Sündhaftigkeit und konnte bald feststellen, daß er nun vollkommen befreit war von seiner Drogen- und Alkoholsucht. Die Kräfte der Engel hatten sich unmittelbar und sichtbar seiner angenommen.

Der Dichter hat recht, wenn er sagt: "Es sind unsere abgestumpften Sinne, denen diese herrlichen Dinge entgehen." So viele von uns neigen dazu, die stets vorhandenen Engelkräfte zu übersehen und zu verneinen, sodaß die göttliche Vorsehung bei uns im Abfall gelandet ist. Wie gut wäre es, wenn wir den Rat des heiligen Bernhard annehmen würden, nämlich "eifrig durch unsere Gedanken und Gebete mit denen in Verbindung zu treten, die uns immer zur Seite stehen, um uns zu führen und zu trösten!" Der heilige Bernhard fügt hinzu, daß wir, gerade im Hinblick auf unseren Schutzengel, die "Ehrfurcht vor seiner Gegenwart, die Liebe als Antwort auf sein Wohlwollen und das Vertrauen in seine Macht" pflegen sollten. Dies ist besonders von Nutzen in den Augenblicken der Versuchung, der Prüfung, der Gefahr, des Leidens, des Kummers, der Niedergeschlagenheit, der Angst, der Belastung, der Traurigkeit und in vielen ähnlichen Situationen.

Einige praktische Hinweise
Im Hinblick auf die Ergebenheit gegenüber deinem Schutzengel wird sehr empfohlen, daß du ihm einen Namen deiner Wahl gibst. Das kann ein männlicher oder ein weiblicher Name sein, denn unsere vollkommen immateriellen Engelfreunde gehören ja keinem Geschlecht an. Diese Übung wird nicht nur die innige persönliche Beziehung zwischen deinem Engel und dir selbst zum Ausdruck bringen, sondern auch helfen, sie zu vertiefen.

Eine weitere Empfehlung betrifft das Gebet zu deinem Schutzengel. "Engel Gottes, mein geliebter Führer, den zu lieben mir hier vergönnt ist, bleibe immer an diesem Tag (in dieser Nacht) an meiner Seite, mich zu erleuchten, zu schützen, zu führen und zu leiten!" Wenn Zeit und Gelegenheit es erlauben, dann sprich dieses Gebet langsam und schrittweise, d.h. Satz für Satz. Betrachte dabei den Inhalt jedes Teiles, bevor du zum nächsten Satz weitergehst! Nebenbei sei bemerkt, daß diese sogenannte ignatianische Art des Betens mit großem Nutzen auf alle bekannten Gebete wie z.b. das Vaterunser oder das Ave Maria übertragen werden kann.

Viele kanonisierte Heilige und eine Reihe der neueren Päpste gehören zu denen, die der Praxis gefolgt sind, die Schutzengel anderer zu grüßen und anzurufen. Eine einfache, aber wirkungsvolle Weise, dies zu tun, ist es, einfach im Geiste ihnen zu Ehren das Kreuzzeichen zu machen und das Ehre sei dem Vater zu beten.

Der heilige Ludwig von Montfort begann sogar jeden Brief, den er schrieb, mit der Formel: "Ich grüße deinen Schutzengel." Unser Vertrauen in ihre gottgegebene Macht, uns zu helfen, wird von den Engeln mit unerschöpflicher Hilfe belohnt, deren Aufmerksamkeit stets darauf gerichtet ist, die Räder unseres Alltagslebens zu ölen, besonders im Hinblick auf das menschliche Zusammenleben.

Der Mystikerin Georgette Faniel aus Montreal, die enge Verbindungen zu Medjugorje unterhält, wurde geoffenbart, daß im Gebet eine vollkommen außergewöhnliche, fürsprechende Kraft zu unserem Nutzen liegt, wenn wir in unseren Anliegen bitten. Der ganze himmlische Hof eilt uns dann zu Hilfe, alle Engel, alle Heiligen, mit einem Wort: die ganze triumphierende Kirche.

Weiterhin ist sehr zu empfehlen, daß wir ganz im Einklang mit ihnen beten, wie wir es ja tatsächlich in der Präfation jeder heiligen Messe tun, wenn wir sagen: "Heilig, heilig, heilig!" Wiederum empfiehlt es sich, das "Im Namen des Vaters" und das "Ehre sei dem Vater" spontan und immer wieder als ein zwar einfaches, aber wirkungsvolles Gebet im Sinne der heiligen Engel zu sprechen.

Abschließendes Gebet zur Gospa

O Königin der Engel, wir danken dir, daß du uns in Medjugorje einen lebendigen Glauben an die Gegenwart und an die Macht unserer Engel geschenkt hast; daß du uns auch den Glauben an die durch göttliche Vorsehung bewirkte Hilfe und den Schutz verliehen hast, den sie uns auf unserer langen und gefährlichen Pilgerreise durch diese Welt hin in die glorreiche Stadt Gottes gewähren.

O Königin der himmlischen Heerscharen, mögen deine mächtigen Erzengel Michael, Gabriel und Raphael uns verteidigen in unserem Kampf mit den Mächten der Finsternis! Mögen sie den Satan und alle bösen Geister, die zum Verderben der Seelen durch die Welt ziehen, in die Hölle hinabstoßen! O heilige Mutter Gottes, hilf uns, daß wir dem Rat und den Eingebungen dieser besonderen himmlischen Geister, unserer eigenen Schutzengel, immer folgen, die dein Sohn bestellt hat, daß sie uns auf allen Wegen beschützen.

Gnadenvolle Gottesmutter, mögen die Engel Gottes uns alle Tage unseres Lebens beschützen, besonders auf den Wegen der Reue, des Glaubens, des Gebetes, der Buße und des Fastens, den Kernanliegen deiner Botschaft von Medjugorje.

7. DIE BEDROHUNG DURCH SATAN

"Was ich euch dreimal sage," heißt es in einem Stück von Lewis Caroll, "ist wahr." Wenn man diesen Ausspruch auf Medjugorje anwendet, dann folgt daraus, daß das, was uns die Gottesmutter dort mindestens dreidutzendmal sagt, ebenso wahr wie überaus wichtig sein muß. Eine ihrer frühen Botschaften sagt wirklich all das aus. "Der Satan existiert und versucht zu zerstören." (14.2.1982). Damit bestätigt die Muttergottes nicht nur die Existenz von gefallenen Engeln, sondern auch die tödliche Bedrohung, die sie für ihr Vorhaben in Medjugorje ebenso bedeuten wie für die Menschen überhaupt. Sie warnt uns deutlich vor etwas sehr Bedeutungsvollem, Bösem und Bedrohendem. Der heilige Paulus nannte es "das immer wirksame Geheimnis der Sünde" (2 Thess 2,7). Papst Paul VI. ermahnte uns, auf der Hut zu sein vor "der schrecklichen, geheimnisvollen und furchtbaren Wirklichkeit des Teufels, überall gegenwärtig in unserer Welt durch lebendige Geistwesen, die listig und gerissen sind." Auf die gesamte menschliche Rasse wirft dieses düstere Geheimnis einen starken Schatten. Eine der schlimmsten Wirklichkeiten, denen die Kirche zu allen Zeiten ausgesetzt ist, so sagt das II. Vatikanische Konzil, ist die, daß ein monumentaler Kampf gegen die Mächte der Finsternis die gesamte Menschheitsgeschichte durchdringt. Die Schlacht begann am Anfang der Zeiten und wird, wie der Herr bestätigt hat, bis zum Jüngsten Tage dauern. Mitten in dieser Auseinandersetzung ist der Mensch gezwungen, unaufhörlich mit sich selbst zu ringen, um sich an das Gute zu klammern. Seine eigene Rechtschaffenheit kann er ohne tapfere Anstrengungen und ohne Hilfe Gottes nicht erreichen.

Worte über den Teufel
Bevor wir dieses Thema fortsetzen, wollen wir eine Auswahl von Aussagen treffen zu dem, was die Madonna von Medjugorje als ihr "Mosaik der Botschaften" bezeichnet hat. So können wir etwas von ihrer ursprünglichen Eingebung und Kraft erfahren.
* "Ein großer Kampf ist dabei, sich abzuzeichnen, ein Kampf zwischen meinem Sohn und Satan. Die Seelen der Menschen stehen dabei auf dem Spiel." (2.8.1981).

* "Der Teufel versucht, euch zu erobern. Erlaubt es ihm nicht! Bewahrt den Glauben, fastet und betet!" (16.11.1981).

* "Erlaubt es Satan nicht, die Kontrolle über eure Herzen zu gewinnen; ihr werdet sonst zu einem Abbild von ihm, nicht von mir." (30.1.1986).

* "Satan ist mächtig. Er will nicht nur das menschliche Leben, sondern auch die Natur und den ganzen Planeten vernichten, auf dem ihr lebt." (25.1.1991).

* "Ich wünsche, daß ihr auf mich hört und euch nicht von Satan verführen laßt. Er ist stark genug, aber habt keine Angst, weil ihr ja Kinder Gottes seid und weil ER über euch wacht. Betet und haltet den Rosenkranz immer in euren Händen als Zeichen für Satan, daß ihr zu mir gehört!" (25.2.1988).

* "Ermutigt jeden, den Rosenkranz zu beten. Mit ihm in der Hand werdet ihr alles Leid überwinden, das Satan der katholischen Kirche zuzufügen versucht. Laßt alle Priester den Rosenkranz beten!" (25.6.1985).

* "Ich lade euch ein, mehr geweihte Gegenstände in euer Heim zu stellen und ständig einige geweihte Dinge an eurem Körper zu tragen. Dann wird euch Satan weniger angreifen, weil ihr gegen ihn gerüstet seid." (18.7.1985).

* "Ihr wißt, daß ich euch eine Oase des Friedens versprochen habe. Aber ihr erkennt nicht, daß neben einer Oase sich die Wüste befindet, wo der Satan dauernd darauf lauert, jeden einzelnen von euch zu verführen. Liebe Kinder, nur durch das Gebet könnt ihr alle Einflüsse Satans überwinden."(7.8.1986).

* "Laßt immer Liebe euer einziges Werkzeug sein. Durch die Liebe wandelt ihr alles zum Guten, was Satan zu zerstören und zu besitzen versucht." (31.7.1986).

* "Satan arbeitet immer heftiger daran, jedem einzelnen von euch die Freude zu nehmen. Durch das Gebet könnt ihr ihn vollständig entwaff-

nen und euer Glück absichern."(24.1.1985).

* "Ich wende mich an jeden von euch, damit ihr euch gewissenhaft für Gott und gegen Satan entscheidet. Ich bin eure Mutter und möchte euch deshalb alle zu vollkommener Heiligkeit führen. Ich möchte, daß jeder von euch hier auf der Erde glücklich ist und mit mir im Himmel sein wird. Das, meine lieben Kinder, ist der Grund dafür, daß ich hierher komme." (25.5.1987).

* "Liebe Kinder, ich liebe diese Pfarrei und schütze sie mit meinem Mantel vor jedem Werk des Teufels. Betet, daß er sich von hier zurückzieht und von jedem einzelnen, der hierher kommt!" (11.7.1985).

Die zwei Maßstäbe

Diese Überschrift ist vom heiligen Ignatius von Loyola entliehen. Sie bringt seine Sicht der Welt und der Heilsgeschichte auf den Punkt. Der heilige Ignatius sieht das Menschengeschlecht polarisiert zwischen Gut und Böse, d.h. zwischen Christus und Satan, den Anführern der beiden sich bekämpfenden Lager oder Königreiche, die auf ewig gegeneinander gerichtet sind, da sie für Gott, bzw. gegen ihn kämpfen. Der heilige Ignatius war sich natürlich sehr wohl bewußt, daß Christus den Satan durch seinen Erlösertod bezwungen und uns dadurch die ganze Fülle übernatürlicher Gnaden verdient hat, die von der Kirche bewahrt und verwaltet werden. Aber dem heiligen Ignatius war ebenso bewußt, daß Satan und seine abtrünnigen Engel mit aller Macht, die sie haben, hauptsächlich versuchen, den Strom dieser Gnaden auf die Menschen zu blockieren; mehr noch, sie versuchen, die Menschen zu verführen und von ihrer Treue zu Christus abzubringen, um sie so unter ihren eigenen Maßstab der Übel und der Sünden zu zwingen.

Es stammt natürlich aus dem Evangelium, aus dem der heilige Ignatius diese eindringliche Erkenntnis des Szenarios dieser dualistischen kosmischen Auseinandersetzung zwischen den Mächten des Lichtes und der Finsternis gewonnen hatte. Der gleiche Gedanke wird auch vom heiligen Apostel Paulus ausgedrückt. Er drängt uns, als gute Kämpfer für Christus uns jeder geistlichen Rüstung im Kampf gegen unsere unsichtbaren, nie schlafenden Feinde zu bedienen. Ebenso der heilige Augustinus. Für ihn besteht das ganze Panorama der Menschheitsgeschichte auf seiner tiefsten Ebene aus der Vision von zwei sich bekämpfenden Städten, von denen die eine treu ist gegen Gott, die andere aber gegen Satan.

So war zu erwarten, daß unsere Mutter von Medjugorje uns regelmäßig und eindringlich vor der furchtbaren Gegnerschaft gewarnt hat, der wir in der Gestalt der gefallenen Engel gegenüberstehen. Gleichzeitig und ebenso regelmäßig und eindringlich fordert sie uns auf, unsere Abwehrkräfte durch beständiges Gebet und regelmäßigen Empfang der Sakramente zu stärken.

Wahrheit für unsere Zeit

Die Königin der Propheten benützt ein weiteres Mal Medjugorje als Plattform, um eine geoffenbarte Wahrheit auszurufen, die in den modernen Zeiten ernsthaft ausgehöhlt zu werden droht.

Der Teufel existiert und übt seinen ganzen Einfluß aus, um den Menschen in dieser Welt, soweit er nur kann, zu schaden und sie dann womöglich in die ewige Verdammnis zu schicken.

Eine große Zahl von Christen hat sich heutzutage dazu verleiten lassen, den Satan als reinen Mythos zu betrachten. Oder er wird einfach als die Verkörperung von schädlichen Tendenzen in der Natur angesehen, ist daher keine personale, sondern bloß eine unpersönliche Kraft, nicht eine lebendige Kreatur, sondern ein verschwommenes und abstraktes Etwas.

Die Theologen, die solche Ansichten verbreiten, treten damit lange aufgestellten Dogmen entgegen, die tief verwurzelt sind in der Heiligen Schrift, in konziliaren Dekreten und in dem, was die Kirche tagtäglich lehrt. Dazu kommt der unwiderlegbare Beweis für die Wirklichkeit und die Aktivität des Teufels, ein Beweis, der von der Galaxie der großen Heiligen kommt, der Kirchenväter aus den frühchristlichen Jahrhunderten.

So können wir gewiß sein, daß uns die Lehre von den Teufeln in das Licht der geoffenbarten Wahrheit führt, nicht aber die Schein- und Schattenwelt von Mythologien, Folklore, Aberglaube oder ähnlichem.

Licht auf ein dunkles Thema

Aus dem bereits erwähnten Grund, daß die Madonna von Medjugorje eine starke Betonung auf diese reinen Geheimnisse legt, wünscht sie ganz offensichtlich, daß wir deren Bedeutung so vollkommen wie möglich im doppelten Licht von Glaube und Vernunft betrachten.

Außerdem ist es ja ein Prinzip militärischer Strategie, soviel wie nur möglich über den Feind zu erfahren, um so den Kampf besser führen zu können und schließlich als Sieger aus ihm hervorzugehen. So wollen wir etwas Hintergrundwissen über den Teufel und seine allgemeine Definition geben.

Satan und seine teuflischen Gefährten sind Engel - aber gefallene Engel. Sie gehören einer höheren Schöpfungsordnung an als wir, denn sie sind mit einem schärferen Verstand und einem stärkeren Willen ausgestattet. Darüber hinaus sind sie als reine Geister körperlos und immateriell. Wie es schon im Kapitel über die Engel erklärt worden ist, unterzog der Schöpfer sie einer moralischen Prüfung. Mit Hilfe der göttlichen Gnade sollten sie den Willen Gottes, der ihnen bekannt gemacht worden war, annehmen und ihm gehorchen. Folge und Belohung würden daraufhin das Verdienst des ewigen Lebens im Paradies und die seligmachende Anschauung Gottes sein.

Man kann nur Vermutungen anstellen über die eigentlichen Vorgänge und Begleitumstände bei der Prüfung der Engel. Eine oft vorgetragene These besagt, daß den Engeln gewissermaßen eine Vorausschau der Geheimnisse um Bethlehem und Golgotha gegeben wurde. Dadurch sahen sie die zweite Person der göttlichen Dreifaltigkeit als hilfloses Kind und als Mann der Schmerzen. Würden sie fortfahren, ihn in einer solch verächtlichen Niedrigkeit anzubeten? Irgendwie und auf irgendeine Weise wendete sich für einige von ihnen das ursprüngliche Drama der Engelprüfung in eine unvorstellbare Tragödie. Angeführt von Luzifer, dessen blendende Geisteskraft an der Spitze der Vollkommenheit aller Engel stand, lehnten sie den Willen Gottes ab. Sie taten das, was Dante die "große Zurückweisung" nannte. Sie taten die allererste Sünde. Nach den Worten Karl Rahners war dieses Ereignis der "ungeheure Abgrund der Sünde, die auf einen reinen Geist traf." Die Sünde der Engel führte dazu, wie ein Virus die Verwerflichkeit und die teufliche Wurzel aller nachfolgenden Sünden zu bilden, die menschlichen nicht ausgenommen. Im tiefsten war es die Sünde des Stolzes, vom heiligen Augustinus beschrieben als "Selbstliebe unter Gottesverachtung."

Von Gott Abgefallene

Zwei Bemerkungen müssen über die Sünde der Engel gemacht werden.

1. Ihre rein geistige Natur bedeutet, daß ihr Wille ein für allemal eine Entscheidung zwischen Gott und dem Teufel traf und daß diese Entscheidung unwiderruflich, endgültig und ewig war.
2. Da sie einen mächtigen intuitiven Verstand besaßen, sahen sie mit blendender Klarheit die Katastrophe, die sich aus ihrer Rebellion gegen Gott ergeben würde.

Schon der Gedanke ist furchtbar, welch große Zahl von geblendeten Engelgeistern ihren freien Willen zum Bösen mißbrauchten, das Gute mit eigensinnigem Hochmut von sich stießen und sich so bewußt für den Zustand der Selbstverbannung von Gott entschieden, also für die Hölle. Der heilige Evangelist Johannes hat dieses dramatische Geschehen anschaulich beschrieben. Er bezeichnet Luzifer als "einen großen, feuerroten Drachen, der mit seinem Schwanz ein Drittel der Sterne vom Himmel fegte." Sein Bericht fährt fort: "Es erhob sich ein gewaltiger Kampf im Himmel, wo Michael und seine Engel gegen den Drachen stritten. Der Drache und sein Gefolge kämpften, aber sie konnten sich nicht halten und verloren ihren Platz im Himmel. Er wurde gestürzt, der große Drache, die alte Schlange, die Teufel oder Satan heißt und die ganze Welt verführt. Der Drache wurde auf die Erde gestürzt, und mit ihm wurden seine Engel hinabgeworfen." (Offb. 12:3,4,7-9).
Mit der Metapher eines leuchtenden Blitzes am Himmel beschrieb später das "Ewige Wort" den Sturz der bösen Engel (vgl Lk. 10.18). Luzifer und sein Anhang fielen in die äußerste Finsternis der Gottferne. Dort sind sie nun, Luzifer und seine verworfenen Heerscharen, selbst verdammt bis in alle Ewigkeit. Die Flammen ihrer einstigen Liebe sind schon seit langem verlöscht in der kalten Asche von Haß und Verzweiflung. Nach den Worten Miltons sagen sie im Bewußtsein des verlorenen Paradieses: "Wir Abtrünnige von Gott sind hier, um alle Tage in Haß und Pein zu vergeuden bis in alle Ewigkeit!" Luzifer wird nun als "Satan" bezeichnet - ein hebräisches Wort, das "Gegner" oder "Feind" bedeutet - seitdem er gegen Gott und die Menschheit kämpft. Der allgemeine Ausdruck für Satan und sein Gefolge ist "Teufel" - eine Ableitung des griechischen Wortes für "Verleumder", "Lügner", "Verführer". Ein anderer gebräuchlicher Name für ihn ist "Dämon". Das bedeutet, daß es sich um Geistwesen, um Geister handelt, die übermenschliche Kräfte besitzen, die sie böswillig und destruktiv entfalten.

Der Fürst der Welt
Was im letzten für die verderbliche Anwesenheit Satans in unserer Welt verantwortlich ist, das ist die Verführung unserer Stammeltern, die Ursünde, die Erbsünde zu begehen, deren Wirkung die Erbschuld ist, die unser Leben von der Geburt bis zum Tod überschattet. Die furchtbare Folge der Ursünde ist der Fluch, der über der ganzen Menschheitsgeschichte wie auch über unserem persönlichen Leben lastet.
Eine dieser Folgen besteht darin, daß Satan nun über eine Machtbasis hier auf Erden verfügt. Daher bezieht sich das Neue Testament auf ihn verschiedentlich als auf den "Fürsten der Welt" (Joh. 12,31), den "Götzen dieser Welt" (2 Kor. 4,4), den "Beherrscher der Welt der Finsternis" (Eph. 6,12). Der heilige Johannes erklärt zusammenfassend: "Die ganze Welt liegt in der Gewalt des Bösen." (1 Joh. 5,19).
Weil sie diese Situation kennt, ermahnt uns die Unbefleckte Jungfrau in Medjugorje, "Spiegelbilder von Jesus zu werden, der diese ungläubige Welt erleuchten will, die in der Finsternis wandelt." (5.6.1986). Denn die Mächte der Finsternis sind überall und stets am Werke in dieser Welt über die ganze Menschheitsgeschichte.
Aber die dämonischen Kräfte werden durch die Allmacht Gottes in strengen Grenzen gehalten. Das bedeutet, daß die gestürzten Engel, obwohl sie rastlos tätig sind in der Welt, von der Vorsehung im Zaum gehalten werden. Wir haben die göttliche Verheißung, daß mit der Hilfe der Gnade keine Versuchung über unsere Kräfte geht (vgl. 1 Kor. 10,13). Gleichzeitig wird uns aber wiederholt von der Mutter in Medjugorje eingeschärft, die Macht Satans und seinen Einfallsreichtum nicht zu unterschätzen. (25.2.1988).
Aus der heiligen Schrift nimmt sie ihren Hinweis, wenn sie uns ermahnt, uns selbst zu wappnen und zu verteidigen gegen die Angriffe des bösen Feindes durch Glauben, Beten und Fasten (vgl. 1 Petr. 5,9; Mk. 9,28). So wie David dem riesigen Goliath widerstand, so sollen auch wir diese wirksame Waffe in die Hand nehmen, welche der Rosenkranz ist (25.2.1988). Die Mutter der Kirche fordert uns auch auf, größtmöglichen Gebrauch von den kirchlichen Sakramentalien zu machen - von Weihwasser, von Medaillen, Skapulieren, Kruzifixen und Bildern, die wir am Körper tragen, wie auch in unseren Wohnungen

haben sollen (18.7.1985).

Indem sie so das Glaubensheer zum Kampfe mobilisiert, ruft Maria wie der heilige Paulus auf, der an die Epheser schrieb: "Ihr müßt alle Waffen Gottes gebrauchen, wenn ihr stark genug sein wollt, der List des Satans standzuhalten." (Eph. 6,11).

Geistiger Kampf

In einer frühen Erscheinung wurde Marija von der Gottesmutter informiert: "Ein großer Kampf ist dabei, sich zu entwickeln, ein Kampf zwischen meinem Sohn und Satan." (2.8.1981). Alles läuft darauf hinaus, daß Medjugorje zur Schlüsselszene wird im weltweiten Spiel der Kräfte zwischen Gut und Böse. Unter ihren jeweiligen Anführern, "der Frau mit der Sonne bekleidet, den Mond unter ihren Füßen und einen Kranz von zwölf Sternen auf ihrem Haupt" und "dem furchtbaren, feuerroten Drachen" (Offb. 12,1-2) fechten die Heere der Engel und die Horden der Dämonen den Kampf aus.

Der heilige Paulus war sich lebhaft des unaufhörlichen Streites zwischen den geistigen Kräften für und gegen Gott bewußt. "Unsere irdische Welt ist ein Schlachtfeld, auf dem Gut und Böse in ewigem Kampf aneinandergefesselt sind." (Vgl. Eph.6.12). Der heilige Augustinus verglich diese Wirklichkeit mit einem tödlichen Streit zwischen zwei gegensätzlichen Städten - der Stadt Gottes und des Mammons. Wie der heilige Ignatius hatte auch er die deutliche Vision der menschlichen Geschichte als eines harten und unerbittlichen Konflikts, in dem das Reich Christi in tödlichem Kampf mit dem Reiche des Satans liegt.

Die Königin des Himmels - so wird berichtet - hat Mirjana im Jahr 1982 anvertraut, nachdem diese eine außergewöhnliche Sicht Satans gehabt hatte: "Dieses Jahrhundert steht unter der Macht des Teufels. Aber wenn die Geheimnisse, die dir anvertraut sind, herauskommen, wird seine Macht zerstört werden. Gerade jetzt beginnt er bereits, seine Macht zu verlieren und ist aggressiver geworden. Er zerstört Ehen, ruft Spaltungen unter den Priestern hervor und ist verantwortlich für Besessenheiten und Morde." Mirjana gab im gleichen Jahr eine weitere Botschaft, die sie erhalten hatte, einem vertrauten Freund weiter: "Die Zeit ist gekommen, wo der Teufel die Macht bekommt, mit all seiner Kraft und Gewalt zu wirken. Die jetzige Stunde ist die Stunde Satans." Daß der geistige Kampf sich verstärkt hat, wird in unseren Tagen in einer Botschaft der Muttergottes vom 9.11.1984 an Don Stefano Gobbi, den Gründer der Marianischen Priesterbewegung, bestätigt. Maria sagte voraus, daß der gewaltige Kampf zwischen ihr und dem Bösen das 20. Jahrhundert beherrschen werde. Ihr Gegner, so fügte sie hinzu, "fühlt sich seines Erfolges sicher, wenn es ihm gelingt, die Kirche zu zerstören und die ganze Menschheit zur Abkehr von Gott zu bringen." Aber sie fuhr in ihrer Voraussage fort: "Am Ende wird der Hochmut des Roten Drachen durch die Demut, die Bescheidenheit und die Kraft eurer himmlischen Mutter gebrochen, der Frau, die mit der Sonne bekleidet ist, die jetzt dabei ist, alle ihre lieben Kinder in ihre kampfbereite Schar um sich zu sammeln."

Menschliche Seelen stehen auf dem Spiel
Während der Kampf um uns unvermindert weitergeht, tobt der Widerstreit zwischen den Mächten der Finsternis und des Lichtes in uns. Jeder von uns befindet sich Tag für Tag in diesem Spiel der feindlichen Kräfte - mit seinem Gewissen. Mehr noch: Diese gegensätzlichen Kräfte tragen den Kampf über uns aus, d. h. um den Erwerb, den Gewinn, den Besitz unserer Seelen, und zwar nicht nur für die Zeit unserer Sterblichkeit, sondern, was viel wichtiger ist, für die ganze Ewigkeit, die sich hinter dem Horizont des Todes ausbreitet.
Dazu die Worte der Gottesmutter: "Die Seelen der Menschen stehen auf dem Spiel." Der Ausgang für die Ewigkeit (ewiges Heil oder ewige Verdammnis) hält sich die Waage. "Der Mensch hat Leben und Tod vor Augen und ihm wird zuteil, was er begehrt." (Sir. 15,17). Und die Engel und Dämonen, die bereits ihre eigene, unwiderrufliche Wahl für alle Ewigkeit getroffen haben, werden nun eingebunden - als Freunde oder als Widersacher - in das Drama unseres eigenen, persönlichen Geschicks. An jedem vergehenden Tag, aber in alles entscheidendem Maße in der Stunde seines Todes "zittert und bebt das Herz des Menschen zwischen Himmel und Hölle," sagt T.S.Eliot.
Es geht also bei der von den Mächten der Finsternis ausgehenden Bedrohung um unser ewiges Heil. Ihre bösen, todbringenden Absichten werden aus Neid auf uns geboren. Aus dieser Quelle kam die Sünde ursprünglich in die Welt, und das gleiche gilt für unser persönliches

geistliches Leben. Der Urgrund, aus dem sich die gefallenen Engel vor Neid verzehren, besteht darin, daß wir Menschen dazu bestimmt sind, uns der ewigen Schönheit des Paradieses zu erfreuen, das sie sich durch ihre Untat verwirkt haben.

Ewiger Schiffbruch

Weiterhin geraten Satan und sein dämonisches Gefolge in große Wut, weil unser menschliches Dasein in der Obhut des dreifaltigen Gottes steht, den sie so vollständig und gotteslästerlich ablehnen. Dazu kommt, daß wir durch die Gnade Gottes Anteil an seinem übernatürlichen Leben erhalten und zu Tempeln seiner in uns wohnenden Gegenwart werden.

In Anbetracht all dessen, erkennen wir immer deutlicher, warum Unsere Liebe Frau von Medjugorje uns so ernsthaft und so oft vor dem Satan warnt. Er und all seine höllischen Geister sind entschlossen, uns mit sich selbst in die Stätte der Verdammnis, in die immerwährende Hölle zu ziehen. Den Sehern wurde von der Königin des Friedens Einblick in das Inferno gewährt als heilsame Warnung an uns alle. Unsere Menschenseelen stehen auf dem Spiel. Um jeden Preis müssen wir verhindern, auf ewig zu scheitern mit denen, von denen der Dichter schrieb:

> "Schiffbrüchig lassen sie Irrlichter sehn,
> damit die anderen daran zugrunde gehn."

Die Strategie Satans

Die größten Irrlichter, welche die Dämonen an der Küste unseres Gewissens entzünden, haben die Form der Versuchung, die ihre Hauptwaffe ist. Die Mehrheit der Theologen folgt dem heiligen Thomas, der annimmt, daß die Dämonen unsere Gedanken nicht direkt lesen und unseren freien Willen nicht beeinflussen können, weil das geistige Funktionen sind, über die Gott allein Gewalt hat. Aber sie sind fähig, sich in unsere Vorstellungen einzumischen, Phantasien aufzuwühlen, die für die Erregung sündiger Gedanken und Wünsche verantwortlich sind. Sie sind auch in der Lage, körperliche Instinkte zu wecken und zu verwirren, einschließlich sexueller oder aggressiver Absichten.

Ferner können die bösen Geister depressive Gefühle in uns erzeugen, in das Gedächtnis eindringen, um uns so Unerwünschtes vorzutäuschen oder verwirrende Bilder vor unser geistiges Auge zu stellen. Sie kennen uns durch und durch, auch unsere Schwächen und unsere Stärken, und spielen sie geschickt für ihre eigenen Zwecke gegeneinander aus.

In ihren Botschaften erwähnt Maria genauer einige der gewöhnlichen Methoden Satans bei seinen Bemühungen, uns "den Weg zur Heiligkeit zu versperren." (25.9.1987). Er versucht, unseren Mut zu untergraben (14.1.1985), nimmt uns die Freude (11.1.1985), führt Mißverständnisse herbei (25.1.1983), verbreitet Unordnung (15.8.1983), verursacht Hindernisse (9.8.1984), erzeugt Enttäuschungen (12.7.1984), sät Verwirrung (4.9.1986) und zerstört den Frieden (6.6.1986).

Wenn die Madonna uns daran erinnert, wie stark der Teufel ist, dann meint sie damit seine natürlichen Kräfte. Diese befähigen ihn, erstaunliche Wirkungen in der materiellen Ordnung der Dinge hervorzubringen. Aber er ist begrenzt in seinem Wirkungsbereich, der ihm von Fall zu Fall durch die göttliche Vorsehung gewährt wird. In der Tat würde Satan die Zerstörung unseres Planeten zustandebringen, wenn es ihm erlaubt wäre (25.1.1991).

Besondere Aktivitäten

Eine Demonstration der dämonischen Kräfte ist in den Methoden zu sehen, mit denen der heilige Johannes Maria Vianney während eines Zeitraums von 35 Jahren eingeschüchtert wurde. Durch die teuflichen Dämonen wurden Effekte wie furchterregende Erscheinungen, laute Knalle, eine Reihe von Tierlauten, das Brennen seines Bettes und eine Vielzahl anderer Belästigungen erzeugt.

Die gleiche Behandlung wurde auch dem heiligen Don Bosco zuteil. Es ist ebenfalls bekannt, daß die gefallenen Engel manchmal Pater Pio unbarmherzig schlugen, um ihn dann in seinem Blut liegenzulassen. Aber die ernsteste Beeinflussung, die die Mächte der Finsternis gegen Menschen ausüben können, ist die Besessenheit. Das bedeutet, daß ein oder auch mehrere Dämonen tatsächlich in den Körper einer Person fahren und darin sowohl die äußeren Sinne wie auch die inneren Energien von Vorstellungskraft und Gedächtnis beherrschen. Dann hilft nur der Exorzismus, bei dem die Besessenen von den unreinen Geistern befreit werden, die in ihnen wohnen. In Medjugorje sind mehrere Exor-

zismen durchgeführt worden.
Satan ist Anti-Medjugorje
"Satan will alles zerstören, was ihr von mir erhalten habt." (9.1.1989).
Das ist einer der vielen Anlässe, bei denen die Königin des Friedens uns gebeten hat, zu bitten, daß vor allem Satan nicht die Oberhand über sie in der Pfarrei von Medjugorje gewinne, die so lebenswichtig und zentral für ihren weltweiten Plan ist, und die sie deswegen unter ihren Schutzmantel nimmt (11.7.1985).

Der Grund dafür, daß die feindlichen Mächte Medjugorje so sehr hassen, fürchten und bekämpfen, liegt darin, daß es eine geistliche Festung ist, ein Bollwerk Mariens, der Frau, die Satan den Schlangenkopf zertritt und die Michael und seine Engelscharen gegen die Geister der Bosheit und des Irrtums führt.

Diese bösen Mächte begreifen genau, daß die Frau mit der Sonne bekleidet in diesem verborgenen Dorf ein mächtiges Leuchtfeuer des Glaubens und der Heiligkeit zur Erleuchtung und geistlichen Durchdringung der weltweiten Kirche entfacht hat. Kein Wunder also, daß - wie sie gewöhnlich in ihren Botschaften warnt- die Mächte der Finsternis so fieberhaft bestrebt sind, ihren Medjugorje-Plan zu zerstören (12.1.1984; 11.7.1985; 1.8.1985; 5.9.1985; 21.3.1988).

Zusammenstoß der Gegenseiten
Wie sehr entgegengesetzt die Ziele des Teufels auf der einen und der sonnenbekleideten Frau auf der anderen Seite sind, kann klar gesehen werden, wenn wir seine teuflischen Pläne der Fünf-Punkte-Botschaft von Medjugorje gegenüberstellen.

Maria bittet, uns Gott zuzuwenden und uns von der Sünde abzukehren. Satan dagegen möchte, daß wir seinem eigenen Beispiel folgen, indem wir uns der Sünde zuwenden und uns von Gott abwenden. Der Wert des Glaubens wird von Maria hochgepriesen, Satan hingegen will ihn ausrotten und seine Inhalte verzerren.

Wir sind von Maria aufgefordert, zu fasten und uns zu bekehren. Satan jedoch fördert die ungezügelte Selbstbegünstigung und die Erfüllung aller Instinkte und Begierden. Während Maria zum Gebet ermutigt, tut Satan alles, um uns zu entmutigen und uns von diesem Tun abzuhalten. Medjugorje wurde von Maria als eine "Oase des Friedens" gegründet, des Friedens Gottes in unseren Gewissen, in unseren Häusern, an unseren Arbeitsplätzen, in unserer Welt. Satan jedoch arbeitet mit fieberhaftem Eifer daran, den Frieden zu zerstören, den er ersetzen will durch Schuld, Angst, Verwirrung, Konflikte, Feindschaft, Trennung, Bitterkeit, Unnachgiebigkeit, Verzweiflung und - schließlich und endlich - durch die Pein des Verlorenseins in seiner eigenen Stätte der Verdammnis.

Laßt uns vor allem beten, daß es Satan nicht gelingt, über sie in Medjugorie die Oberhand zu gewinnen, das Maria deswegen unter ihrem Schutzmantel hält (17.7.1985).

Abschließendes Gebet zur Gottesmutter

Beschütze uns mit deinen Gebeten, o Madonna von Medjugorje, gegen die Angriffe des bösen Feindes aus der Hölle. Mache uns stark im Glauben und beharrlich im Gebet, damit wir jede seiner Versuchungen und seiner Fallstricke überwinden.

Mutter der Kirche, setze uns ein als wahre und tapfere Soldaten Christi in unserem Kampf gegen die Mächte der Finsternis! Erhalte uns in der Verbindung mit unseren dienstbereiten und liebenden Freunden und Verbündeten, dem heiligen Michael und allen Engeln, daß wir vollen Nutzen gewinnen durch ihren Schutz, ihren Trost, ihren Rat und ihre heiligen Eingebungen! Erwirb uns durch deine Gebete, du Mutter Jesu, du Schrecken der Dämonen, eine tiefe Verehrung Jesu im eucharistischen Geheimnis, daß wir in der Gnade gestärkt werden und standhaft bleiben gegen die Mächte der Finsternis! O Königin der Propheten, beschütze auch weiterhin Medjugorje vor jedem Versuch des Bösen, deiner Botschaft zu schaden und sie zu verzerren! Erhalte in uns die Treue zum Rosenkranz, daß wir ihn als mächtige Waffe im geistigen Kampf einsetzen und als ein Zeichen für Satan, daß wir uneingeschränkt dir gehören in Zeit und Ewigkeit!

8. DIE STUNDE UNSERES TODES

Ein bleibender Eindruck, den Pilger in Medjugorje gewinnen, ist, daß es neben seiner intensiven Gebets- und Friedenswirklichkeit so überaus lebensvoll, froh und jugendorientiert ist. Nur wenn man tiefer über Medjugorje nachdenkt, kommt man zu der Erkenntnis, daß es paradoxerweise gleichzeitig mit dem Geheimnis des Todes eng verbunden ist.

Einer der Hauptfaktoren, die darauf hinweisen, ist der große Stellenwert, der dem Tod in den täglichen Andachten und Liturgien zukommt. An erster Stelle steht das Hauptgebet von Medjugorje, das AVE MARIA, das sein wahres Leit- und Themengebet ist. Immer wenn sie es beten, bezeugen unzählige Pilger die Tatsache und die Gewißheit ihres Todes irgendwann in der Zukunft und bitten die heilige Mutter Gottes, sie in dieser bedeutenden Stunde mit ihrer Gegenwart und mit ihren Gebeten zu trösten.

Ebenso schauen wir auch in einem anderen Gebet, dem SALVE REGINA, das in Medjugorje oft gebetet wird, auf die Begegnung mit dem Tod. Unsere christliche Hoffnung weist uns Verbannte jenseits seiner Grenze auf die Heimat hin, wo unsere milde Fürsprecherin uns die gebenedeite Frucht ihres Leibes zeigen wird: Jesus.

Der Tod Jesu

Der Tod Jesu ist tief und innig in das Geheimnis von Medjugorje eingewoben, denn er ist ein Schwerpunkt der Eucharistie. Ein endloser Strom von heiligen Messen verwandelt Medjugorje in einen Brunnquell der Gnade und der Heiligkeit. Ihre Bedeutung liegt darin, daß der Opfertod des Herrn sich dabei immer wieder vollzieht, daß er gegenwärtig wird und anwendbar auf uns Sünder, jedesmal, wenn der Mund des Priesters die Wandlungsworte über Brot und Wein spricht.

Dann vollzieht sich Medjugorjes Golgotha, wenn das Kreuz auf der Spitze des Berges seinen Segen über die bußfertigen Pilger im Tränental ausgießt. Aus seiner erhabenen Würde gibt dieses Kreuz stummes Zeugnis vom Karfreitag und lädt uns ein, uns ganz eng mit dem zu verbinden, dessen Tod unser Leben bedeutet.

Das nächste sind jene unvergeßlichen Kreuzwegstationen. Sie stehen in

Abständen entlang der felsigen Strecke und führen hinaus zum kreuzgekrönten Gipfel. Sie dokumentieren beredt und eindringlich die bitteren Ereignisse, die im Tod des Erlösers gipfeln. Erinnern wir uns: Es war eben auf diesem seinem Sterbebett, als er uns das kostbare Geschenk seiner Mutter gemacht hat. Deswegen wird sie unzweifelhaft an unserem eigenen Sterbebett stehen. Inzwischen helfen und unterstützen uns die Gebete der Muttergottes auf unserem langen Lebensweg. Sie erwirkt uns Gnaden für jeden vergänglichen Augenblick. Keine Gnade könnte aber zweckmäßiger und hilfreicher sein, als wenn sie uns bewegt, über das Geheimnis des Todes nachzudenken. Manch ein Heiliger hat sich das wahrhaft zur ständigen Gewohnheit gemacht. So wollen wir jetzt eine solche Meditation versuchen und Unsere Liebe Frau bitten, uns mit jenem besonderen Licht zu erleuchten, das sie in Medjugorje verbreitet.

Die Gewißheit des Todes

Das ist die erste Feststellung, die über den Tod bezeugt werden muß. Wir tun dies dementsprechend fünfzigmal, sooft wir den Rosenkranz beten. In einer unbekannten zukünftigen Stunde werden wir sterben, das ist unvermeidbar und unentrinnbar. "Die einzige unerschütterliche Gewißheit, die wir auf der Welt außer den Steuern haben," sagte Benjamin Franklin mit trockenem Humor, "ist die Tatsache, daß uns der Tod bevorsteht." Hopkins vergleicht unseren Atem mit einem "memento mori" - ein Erinnern daran, daß einer unserer zukünftigen Atemzüge auch unser letzter sein wird. Früher oder später bricht die Nacht herein, die Nacht des Todes, wenn unser ganzes heilsverdienstliches Wirken zu Ende sein wird.

Einer der gewinnendsten Aspekte Medjugorjes ist die Anziehungskraft, die es auf junge Pilger hat, von denen viele noch Teenager sind. Man begegnet ihnen dort zu Tausenden, wie sie ein Bild jugendlicher Lebenskraft darstellen und den Frieden und das Glück Medjugorjes ausstrahlen. Aber auch sie sind bestimmt, eines Tages zu sterben. Shakespeare sagte weise: "Goldene Burschen und Mädchen - sie alle werden zu Staub zerfallen!" Eine ähnliche Wirklichkeit ist für unseren Glauben charakteristisch. Der Glaube weiß um die Tatsache, daß alles menschliche Sein sterblich ist. Keine Spur ist in ihm zu finden von der heidnischen Einstellung, die den Tod tabuisiert, ihn totschweigt und oft sogar bei dem bloßen Gedanken an ihn bitter reagiert: "Wut, tobe gegen das Sterben des Lichts!" Ja, der Christ blickt dem Tod ins Auge. Eine der Wirklichkeiten im Leben des Leibes ist es, daß es eines Tages enden wird. Die Funktion unseres Organismus wird zum Stillstand kommen. Wenn der Körper nicht mehr auf die lebensspendenden Energien reagieren kann, wird er zu einem unbeseelten Leichnam und seine organischen Elemente zerfallen in ihre ursprünglichen Bestandteile. Es ist biologisch fraglos und erwiesen, daß unser Organismus von einem bestimmten Alter an sich zu erschöpfen beginnt. Am Ende dieses Prozesses steht der Tod. Christina Rosetti faßt dies alles in wenige Worte zusammen, wenn sie sagt: "Der Mensch ist von Geburt an dem Tod ausgesetzt." In der Liturgie der Kirche wird mit großer Weisheit an die Unvermeidbarkeit des Todes gemahnt. Gleichzeitig fordert die Kirche uns auf, uns darauf angemessen vorzubereiten. "Staub bist du und zum Staube kehrst du zurück!" Die Liturgie des Aschermittwochs sagt es wirklich ganz deutlich. So tut es auch Richard II. in Shakespeares Drama. "Eines Tages," sagt er, "werden wir alle das große Königreich des Lebens eintauschen müssen gegen ein kleines, dunkles Grab."

Die Ungewißheit des Todes

Die Seherin Mirjana betont im Zusammenhang mit den ihr anvertrauten zehn Geheimnissen, die sich erfüllen werden, wenn die Erscheinungen in Medjugorje vorüber sind, die Notwendigkeit, jeden Augenblick für das Sterben bereit zu sein. Das erinnert an die besondere Bitte in der Allerheiligenlitanei, wo es heißt: "Bewahre uns, o Gott, vor einem plötzlichen und unvorhergesehenen Tod!" Ein mittelalterlicher Vers sagt aus, daß Kleriker gewöhnlich unerwartet sterben: "Subitanea mors clericorum sors." Es ist in diesem Zusammenhang erinnerlich, daß tatsächlich ein amerikanischer Pilgerpriester am 4. Oktober 1989 plötzlich in Medjugorje starb, gerade zu Beginn der englischsprachigen Messe.

Das alles zeigt, daß es ein seltsamer Widerspruch um den Tod ist. Daß er jedes Menschenleben beenden wird, ist eine unumstößliche Selbstverständlichkeit. Aber was den Zeitpunkt, den Ort und die Art unseres Todes betrifft, so sind das Unsicherheiten, die im Nebel der Zukunft verschleiert liegen. Unser Herr selbst hat es verdeutlicht: Wir wissen weder den Tag noch die Stunde, in der Gott uns ruft, um Rechenschaft abzulegen über unsere Verwaltung. Wie es der heilige Thomas Morus so treffend ausgedrückt hat: Wir müssen immer auf der Hut sein vor dem heimlichen Dieb, dem Tod, der uns unser kostbares leibliches Leben entreißt.

"Der Tod kommt still und heimlich. Unmerklich lauert er und will uns alle überraschen. Wir wissen weder wann noch wo, noch auf welche Weise."

Ständige Wachsamkeit
Deshalb sollte unsere Parole Wachsamkeit sein. Buchstäblich jeden Augenblick kann es geschehen, daß wir gerufen werden, diese Welt zu verlassen. Der heilige Paulus vergleicht den Tod mit einem Wind, der das Zerbrechliche und Schwache verweht, nämlich das unsichere Zelt unserer irdischen Existenz, und der uns in die Obhut der von Gott bereiteten Wohnung bringt. Aber dieser Wind kann jeden Moment kommen, deshalb müssen wir stets bereit sein (vgl. 2 Kor. 5,2).

Nicht nur Todesort und Todeszeit sind unbekannte Wirklichkeiten, auch die Todesart gehört dazu. "Der Tod," sagt Webster, "hat zehntausend verschiedene Türen als Ausgang für die Menschen." Wie dem auch sei, wann immer, wo immer und wie auch immer der Tod in unser Leben treten wird, wir werden alle unweigerlich die Bühne dieser Welt verlassen und vor unseren Schöpfer und Richter treten. "Es ist dem Menschen bestimmt, einmal zu sterben; danach folgt das Gericht!" (Hebr. 9,27).

Weil der Tod in den feierlichen Augenblick der Wahrheit hinüberführt, da wir uns selbst sehen, wie Gott uns sieht, bitten wir vor allem seine Mutter, für uns in dieser Schicksalsstunde Fürsprache zu halten. Denn das ist der Scheideweg unseres Schicksals. Daher auch das Gebet des heiligen Franz von Assisi: "Gesegnet sind die, o Herr, die nach deinem heiligen Willen leben, da der zweite Tod keine Macht hat, ihnen zu schaden." In ihrer großen Schule der Heiligkeit in Medjugorje ist die erste und wichtigste Lektion der lieben Gottesmutter die Treue zum heiligen Willen Gottes (10.7.1986). Diese Treue ist nicht nur eine Gewißheit für ein glückliches und heiliges Leben, sondern sie ist auch ein Schutz gegen die große Angst vor dem zweiten, dem ewigen Tod, dem Schicksal ewiger Verlorenheit an dem Ort der Verdammnis.

Ist Maria gestorben?

Die Kirche hat auf diese Frage nie eine endgültige Antwort gegeben. Sie läßt vielmehr die Frage offen, wie wir im Text des Dogmas von der Aufnahme Mariens in den Himmel sehen können. Dieses Ereignis hat nach dem dogmatischen Text stattgefunden, als Maria "den irdischen Lebensweg vollendet hatte." Damit bewahrt die Kirche ihren neutralen Standpunkt in der Debatte um den Tod der Muttergottes.

Die Gospa hat jedoch auf eine entsprechende Frage der Seher zu diesem Gegenstand geantwortet: "Ich bin vor dem Tod in den Himmel aufgefahren." (12.10.1981). Mit anderen Worten: Sie war ausgenommen von der Strafe des Todes, die auf der ganzen Menschheit lastet. Jeder, der in diese Welt geboren wird, trägt die Ursünde in sich, aus der sich der Tod als Strafkonsequenz ergibt (vgl. Röm. 5,12). Aber auf Maria traf diese Bedingung aufgrund ihrer unbefleckten Empfängnis nicht zu. Sie hat daher auch nicht die Sündenfolgen zu tragen. So lautet die Argumentation derer, die zugunsten der Bewahrung Mariens vom Tod eine Unsterblichkeitstheorie der Gottesmutter vertreten.

Die Vertreter einer Sterblichkeit argumentieren andererseits, daß Maria gestorben sei. Sie akzeptieren selbstverständlich und vollkommen den privilegierten Status der Mutter Gottes aufgrund ihrer Bewahrung vor allen Sünden, sowohl der Erbsünde als auch der aktuellen, persönlichen Sünden und sie bejahen auch ihre daraus folgende Berechtigung zur Befreiung vom Gesetz des Todes.

Aber, so argumentieren sie weiter, es wäre ebenso konsequent und sinnvoll, daß Maria den Tod erlitt. Denn dann würde sie sich persönlich identifizieren mit der Todeserfahrung, die ihr Sohn gemacht hat und die auch wir alle machen müssen, die unzähligen sündigen Kinder, die ihr der sterbende Erlöser anvertraut hat. Bei diesem Anlaß stand der heilige Johannes, der Lieblingsjünger, stellvertretend für uns alle. Wie er, sehen auch wir nun in Maria, wie uns der sterbende Herr geboten hat, unsere eigene geliebte Mutter (vgl. Joh. 19,26-27).

Wir, die guten Schächer

Noch ein anderer Teilnehmer an diesem Sterbebett-Drama, das in der Dunkelheit des Karfreitags inszeniert wird, stand stellvertretend für uns. Das war der gute Schächer. Wir sind insofern durch ihn repräsentiert, als auch wir Schächer sind, Schächer der schlimmsten Art. Durch unsere Sündhaftigkeit und Gleichgültigkeit berauben wir unseren Schöpfer und Heiland des ihm gebührenden Maßes an Ehrfurcht, Huldigung und Dienstbarkeit.

Ein weiterer Grund dafür, daß der gute Schächer unser Stellvertreter ist, liegt darin, daß er leidet - ein Zustand, der uns allen gemeinsam ist, weil niemand von Leid und Schmerz ausgenommen ist. Oder, um es mit anderen Worten zu sagen: Das Kreuz kommt in das Leben jedes Menschen, so wie es im Fall des guten Schächers buchstäblich geschehen ist. Ein dritter Grund für seine Stellvertreterrolle ist, daß er sich auf seinem Sterbebett befindet - eine Situation, die für uns alle an einem unbekannten Tag eintreten wird.

Ein vierter Grund ist, daß die Mutter Christi am Sterbebett des reumütigen Übeltäters stand, wie sie es auch bei uns tun wird. In seiner bewegenden Betrachtung dieses Themas legt Newman den Gedanken nahe, daß es die Gebete Mariens waren, die für diesen sterbenden Sünder solch wunderbare Gnade erwirkten. Nicht nur, daß er seine Vergehen bereute, er nahm seine Kreuzigung als eine verdiente Strafe Gottes an. "Uns geschieht recht, wir erhalten den Lohn für unsere Taten." (Lk. 23,41).

Schließlich vertritt der gute Schächer alle jene, die die Gnade eines seligen Todes durch den Frieden ihres Gewissens mit Gott erlangen. Darüber hinaus war er auf einmalige Weise bevorzugt, aus dem Mund des leidenden Herrn an seiner Seite jene herrliche Verheißung zu vernehmen: "Heute noch wirst du mit mir im Paradies sein!" (Lk. 23,43).

Das Zeichen des Krizevac

Was Medjugorje -wie wir bereits vorher gesehen haben- zu durchdringen scheint mit dem Geheimnis des Todes, ist das eucharistische Opfer, das hier so zahlreich von Pilgerpriestern dargebracht wird.

Das geschieht natürlich durch die Gnadenkraft eines Sakramentes - des Altarsakramentes. Aber der Tod des Herrn wird überdies repräsentiert und lebendig ins Bewußtsein gerufen durch zwei Sakramentalien, die durch die Mutter Jesu auf besondere Weise herausgestellt werden. Wie alle Sakramentalien sind es Dinge, die auf uns als Anlässe der Gnade wirken, wenn wir im Glauben beharrlich und in der Hingabe aufrichtig sind im Hinblick auf die Kreuzigung und den Tod unseres

Herrn und Heilandes. Sie wirken durch unsere Sinne und unsere Vorstellungskraft. Diese beiden Sakramentalien, um die es geht, sind das Krizevac-Kreuz und das Kruzifix an sich. Die Muttergottes hat sich eben darauf in einer Botschaft an Jelena bezogen, als sie sagte: "Das Kreuz ist ein Sinnbild für Christus. Es ist ein Zeichen, das auf ihn deutet. Das gleiche gilt für das Kruzifix, das du zu Hause hast." (15.2.1984). Das Kreuz, das oben auf dem Krizevac steht wie auf Golgotha und hinunterblickt auf Medjugorje, ist eine 9 Meter hohe Betonkonstruktion, die auf einem breiten Sockel steht. Es datiert von 1933, dem heiligen Jahr, in dem des 19. Jahrhunderts seit dem erlösenden Tod des Heilandes gedacht wurde. Dieses Projekt war, wie die Muttergottes uns geoffenbart hat, von der göttlichen Vorsehung geplant im Hinblick auf die Erscheinungen, die etwa 50 Jahre später begannen. (30.8.1984).

Die Madonna von Medjugorje hat uns auch durch die Seher (deren Zeugnisse zwar nicht unfehlbar sind, die wir aber dennoch mit Erlaubnis der Kirche mit menschlichem Vertrauen annehmen dürfen) gesagt, daß das Krizevac-Kreuz für sie ein Lieblingsplatz ist. Sie selbst betet häufig zu seinen Füßen und bittet ihren Sohn, unserer Welt die Sünden zu vergeben (3.11.1981). Sie setzt ihre Ermahnungen fort, indem sie uns auffordert, dort unablässig zu beten, weil dieses Kreuz - so erklärt sie - ein zentraler Ort ihres Wirkens in Medjugorje ist (vgl. 12.9.1985; 30.8.1984).

Wie zentral das Krizevac-Kreuz für das Szenario des Dramas von Medjugorje ist, zeigt sich auch durch die Menge der Pilger, die Tag und Nacht dort hinaufsteigen, um sich mit dem Karfreitags-Christus und seiner leidenden Mutter zu vereinigen. Die gewaltige Menschenmasse, die sich zur alljährlichen Messe zum Gedächtnis der Aufrichtung des Kreuzes auf dem Gipfel versammelt, empfängt Gnaden sowohl durch das Sakrament selbst als auch vom sakramentalen Charakter des lebenspendenden Todes unseres Erlösers.

Ein weiteres Zeichen für die zentrale Bedeutung des Gipfelkreuzes von Medjugorje ist die Häufigkeit, mit der es sich durch verblüffende sichtbare Zeichen darstellt. Zahlreiche Augenzeugen belegen, daß das Kreuz verschwindet oder sich im Kreise dreht oder sogar durch die leuchtende Gestalt der Jungfrau Maria ersetzt wird.

Hingabe an das Kruzifix

Das zweite von unserer himmlischen Mutter bevorzugte und empfohlene geistliche Mittel, den Tod des Herrn in unsere Gedanken und Herzen zu bringen, ist das Kruzifix. Sehr oft fleht sie uns an, die Verehrung des Kreuzes zu pflegen. Um einige Beispiele zu nennen: "Betet sooft ihr könnt vor dem Kruzifix! Betrachtet die Wunden Jesu!" (20.3.1989). "Betet besonders vor dem Kruzifix, von dem große Gnaden ausgehen!" (12.9.1985). "Ihr müßt immer wieder das Gebet vor dem Kreuz erneuern. Liebe Kinder, ich gebe euch dort besondere Gnaden, und Jesus macht euch besondere Geschenke." (20.2.1986). Die Muttergottes hat auch vorgeschlagen, daß wir den Rosenkranz vor einem Kruzifix beten sollen. Wir sollen diese Gelegenheit benutzen, um Gott für all seine Wohltaten zu danken (13.4.1990). Einmal hat sie Ivans Gebetskreis eingeladen, täglich zwei Stunden im Gebet vor dem Kruzifix zu verbringen (28.3.1988). In einer Schau für Jelena sagte die Muttergottes: "Es ist schön, daß du das Kreuz jeden Freitag verehrst." (25.5.1983). Sie bezog sich dabei auf eine öffentliche Anbetung in der Kirche, die sie wärmstens empfahl, nämlich die heilige Anbetungsstunde des Kreuzes, die der eucharistischen Liturgie an den Freitagabenden folgt.

Es wird berichtet, daß der christliche Kaiser Konstantin, nachdem er die Vision eines Kreuzes am Himmel vor seinem entscheidenden militärischen Sieg hatte, später ein goldenes, mit Edelsteinen geschmücktes Kreuz in der Haupthalle seines Palastes aufstellen ließ. In ähnlicher Weise erhöht auch Unsere Liebe Frau von Medjugorje das Kreuz, das Sinnbild des Erlösertodes ihres Sohnes und des Sieges über die Sünde, zu einer Stellung von außergewöhnlicher Würde und Ehre in den Hallen der Heiligkeit und des Apostolates.

Die Majestät des Todes

Die Madonna von Medjugorje - so wird berichtet - hat als Antwort auf eine Frage von P. Tomislav Vlasic der Seherin Vicka erklärt, daß wir uns im Augenblick des Todes der Trennung der Seele vom Körper vollkommen bewußt sind (24.7.1982).

Das entspricht gewiß der Würde des Todes als Endpunkt der Reise durch das lange Marathon des Lebensweges. Der Tod ist die Stunde der Wahrheit, in der unsere irdische Pilgerschaft endet und wir an der Schwelle des Heiligtums stehen, in das einzutreten wir uns hier auf Erden sehnen. Die heilige Schrift bietet einen passenden Text zu diesem erhabenen Augenblick: "Ihr tretet hin zum Berge Zion, ins himmlische Jerusalem, der Stadt des lebendigen Gottes. Hier sind Tausende und Abertausende von Engeln. Hier sind die Geister der Gerechten, die jetzt vollendet sind. Hier ist Jesus, der Mittler des Neuen Bundes."

Sterbebett-Prüfung

Im Vertrauen auf Gottes Barmherzigkeit werden wir fähig sein, auf unserem Sterbelager mit unserem sterbenden Heiland zu sprechen: "Es ist vollbracht!" Unser Lebenswerk für Gott wird beendet sein. Unsere Grabinschrift - so hoffen wir - wird nach Shakespeares Worten lauten: "Du hast in der Welt deine Pflicht erfüllt. Du bist nun daheim, um deinen Lohn zu empfangen." So ist der Tod das Ziel, auf das wir durch unser Leben hingehen. Er ist der Nordstern, auf den wir den Kompaß unseres christlichen Vertrauens richten. "Für mich," sagt der Apostel Paulus, "ist Christus mein Leben. Der Tod ist der Preis, um den ich ihn gewinne." (Phil. 1,21).

Diese christliche Überzeugung wurde auf eine recht irdische Weise von dem bekannten Dominikanerprediger P. Vincent McNabb zum Ausdruck gebracht. Er sagte zu den Reportern, die ihn auf seinem Sterbebett befragten: "Was zum Henker schaut ihr alle so jämmerlich drein? Das ist die Stunde, für die ich mein ganzes Leben lang gelebt und gebetet habe." Der Tod ist der endgültige Scheideweg des Schicksals. Milton hat ihn beschrieben als den "Schlüssel, der den goldenen Palast der Ewigkeit öffnet." Deshalb ist er der ernsteste, aber auch der ausschlaggebende Augenblick unseres ganzen Lebens. Gerade auch deswegen bitten wir in den Gebeten zu unserer himmlischen Mutter so sehr darum, daß unsere Todesstunde die beste Stunde in unserem Leben sei. "Wir müssen Gott in unserem Tod ebenso verherrlichen wie wir es in unserem Leben tun," sagt der heilige Ignatius.

Unser persönlicher Karfreitag

So führt uns Medjugorje tiefgründig in das Geheimnis des Todes ein - den unseres Herrn und Heilandes und unseren eigenen.

Chesterton schrieb denkwürdige Worte über die Lebensaufgabe und das Lebensziel eines Christen in dieser Welt: "Das Gold, das er suchte, war der Tod. Das Wichtigste, was er tun konnte, war sterben. Es scheint, daß sein Leben eine Art Liebesaffäre mit dem Tod war, eine Romanze im Streben nach dem letzten Opfer." Dieses letzte Opfer hat nicht nur die Bedrohung durch den "zweiten Tod" gebrochen - die ewige Trennung von Gott in der Stätte der Verdammnis. Es hat ebenso den Stachel aus dem "ersten Tod" gezogen, nämlich die Trennung unserer Seele vom Leib. Die Wirkkraft der erlösenden Gnade unseres Heilandes ist über die Schreckensgestalt des Todes angewendet, der dadurch verwandelt wird von der Tragödie in den Triumph. Sein Schrecken und seine Verzweiflung werden gewandelt in ein Sakrament des Friedens mit der beglückenden Aussicht auf den Himmel.

So ist der Tod nicht mehr länger die Hexe, die durch die Träume früherer und heutiger Heiden reitet, vielmehr können wir ihn wie der heilige Franziskus grüßen als "unsere kleine Schwester." Jene apostolische Seele, Pauline Jaricot, sagte, sie fürchte die Schuld mehr als den Tod. Der Grund für dieses Vertrauen zeigt sich in den Worten der heiligen Theresia von Lisieux: "Es ist nicht der Tod, der kommen und mich holen wird, sondern der gute Herr selbst." Wenn deshalb unser eigener Karfreitag kommt und die Dunkelheit des Todes unser Sein zu durchdringen beginnt; wenn wir dabei sind, den entscheidenden Schritt in die Geheimnisse des Jenseits zu machen, dann müssen wir uns vollkommen unserem barmherzigen Herrn überlassen. Und wir müssen uns sein einzigartiges Sterbegebet zu eigen machen: "Vater, in deine Hände lege ich meinen Geist." (Lk. 23,46). Dann wird die Mutter unseres Herrn und unsere Mutter liebevoll über unserem Sterbebett wachen, indem sie für uns in Erwiderung auf jedes unserer AVE MARIA betet. Die Worte des Psalmisten werden sich dann erfüllen: "Kostbar ist in den Augen des Herrn das Sterben seiner Frommen!" (Ps. 116,15). Und der Vers Brownings wird seine volle Bestätigung finden: "Niemals weißt du, was das Leben bedeutet, bis du stirbst. Es ist der Tod, der das Leben lebendig macht."

Der Tod ist unser Geburtstag

Wie die Inschriften in den römischen Katakomben bestätigen, beschrieben die frühen Christen gewöhnlich den Todestag als "dies natalis" - unseren Geburtstag zum ewigen Leben. Der Tod wird für uns -

die Neugeborenen - Eingang sein in die Geheimnisse, die Herrlichkeit und die unbegreiflichen Wunder der zukünftigen Welt. Niemand war darüber mehr begeistert als die heilige Katharina von Genua. "Wenn ich jemanden sterben sehe," schrieb sie, "dann denke ich in meinem Herzen: O welch große und wunderbare Dinge seine Seele sehen wird!" Allein der Gedanke an diese großen und wunderbaren Dinge brachte den heiligen Ignatius gewöhnlich in Ekstase. Aber da er ein äußerst praktisch denkender Mensch war und erkannte, daß diese Erfahrung, auch wenn sie ein Vorzug war, sein hartes alltägliches Leben belastete, entschloß er sich, diesen Luxus zugunsten eines nüchternen alltäglichen Lebens aufzugeben.

Für das, was Lacordaire "den schönsten Tag unseres Lebens" nannte, gibt uns die Liturgie der Kirche einen Einblick in das erste Geschehen auf unserer Reise nach dem Tod. "Kommt, ihn zu empfangen, ihr Engel des Herrn! Heißt seine Seele willkommen! Geleitet ihn zu Gott, dem Allerhöchsten!" Von dieser Erkenntnis war eine schöne Vision Newmans inspiriert, der die Seele bei der Ankunft in der jenseitigen Welt von der sanftesten und liebevollsten Führung geleitet sah durch den heiligen Schutzengel.

Für viele von uns, das ist klar, wird das erste Ziel, zu dem unser Engel uns führen wird, das Fegefeuer sein, jener geheimnisvolle Bereich zwischen Himmel und Hölle. Es ist eine Welt der Sühne für unsere Sünden und der Reinigung von den schädlichen Wirkungen der Sünde auf unsere Seele. Gleichzeitig ist es aber auch eine Welt des Gebetes und vor allem der Vorbereitung auf das Paradies. Die Armen Seelen drücken in ihrer glühenden Sehnsucht aus, was der Pfarrer von Ars immer wieder in überwältigtem Staunen ausrief: "O Heilige Dreifaltigkeit, wir werden dich tatsächlich sehen!"

Die Auferstehung des Leibes

"Ich glaube an die Auferstehung der Toten und das ewige Leben." In diesen beiden abschließenden Sätzen des Glaubensbekenntnisses erreicht unser Glaube seinen wahren Höhepunkt. Und in Medjugorje erhalten diese besonderen Glaubensartikel aus zwei Gründen eine hohe Ausprägung.

Erstens hat die Madonnna von Medjugorje die Auferstehung ihres Leibes bereits erfahren und erfreut sich des ewigen Lebens. Sic ist strah-

lend schön und jung, wie die Seher uns berichten, und ist von ihrem auferstandenen Sohn mit Leib und Seele in die Herrlichkeit des Paradieses aufgenommen worden. Dies war Auserwählung und Belohnung zugleich für ihre einzigartige Würde als Mutter des fleischgewordenen Wortes Gottes.
Der zweite Grund, warum unsere leibliche Auferstehung und die Freude auf das ewige Leben in Medjugorje so deutlich werden, ist die Tatsache, daß die Eucharistie dort eine so große Rolle spielt. Und die Eucharistie ist, wie unser Herr selbst erklärt hat, direkt mit unserer eigenen Auferstehung verbunden.
Zunächst ist er ja selbst gegenwärtig in seiner verklärten Menschheit, die für uns Vorbild und Verheißung zugleich ist.
Sodann ist er hier gegenwärtig als unsere eucharistische Speise auf der langen Emmaus-Straße des Lebens. Er nährt unseren Glauben, stärkt unsere Liebe und kräftigt unsere "Hoffnung auf Erlangung der Auferstehung von den Toten." (Phil. 3,11). In der Tat hat er uns die Verheißung gegeben, daß er uns, wenn wir sein Fleisch essen und sein Blut trinken, auferwecken wird am Jüngsten Tag.

Goldene Jungen und Mädchen

Daher bietet Medjugorje ein stärkendes Mittel für unseren Glauben an den Gott der Auferstehung. Bereits durch die Vernunft und die allgemeine Erkenntnisfähigkeit wissen wir, daß die menschliche Seele aufgrund ihrer natürlichen Beschaffenheit unsterblich ist und niemals aufgelöst werden kann. Aber die wunderbaren Osterereignisse machen uns klar, daß nicht nur unser Geist auf immer in Gott verherrlicht wird, auch unser Leib wird an diesem strahlenden Schicksal teilhaben. "Der Leib, wenn er der Erde entzogen ist," sagt die Muttergottes in einer frühen Botschaft, "vergeht nach dem Tod. Er kehrt nie mehr ins Leben zurück. Der Mensch erhält einen verwandelten Leib." (24.7.1982).
Genau das gleiche bringt der Apostel Paulus zum Ausdruck. "Unser auferstandener Herr," schrieb er, "wird diesem unseren zerfallenen Leib einen neuen Leib geben, indem er ihn seinem verherrlichten Leib ähnlich macht." (Phil. 3,21).
Ja, unsere Leiber werden in der großen Gleichmachung des Todes zur Unkenntlichkeit vergehen. Shakespeare sagt: "Mächtige und Geringe

gleichermaßen zerfallen zum gleichen Staub." Aber für diejenigen, die wie Martha auf den Herrn vertrauen, der ja die Auferstehung und das Leben selber ist, wird der Menschenstaub gewandelt in Sternenstaub. Wenn die Posaunen des Jüngsten Gerichtes erschallen und all die Scharen von schlafenden Lazarussen zu neuem Leben erwecken, dann werden auch wir zu unvergänglichen Diamanten werden. Einmal geboren in die schöne neue Welt als "Kinder der Auferstehung" (Lk. 20,36), werden wir goldene Jungen und Mädchen sein, die berufen sind, nie mehr zurückzufallen in den Staub.

Abschließendes Gebet zur Gottesmutter

Du liebende Mutter von Medjugorje, Mutter Gottes und meine Mutter, bitte für uns Sünder, jetzt und in der Stunde unseres Todes! Bitte für diejenigen, o gnadenreiche Gospa, die dazu bestimmt sind, noch heute zu sterben. Erfülle uns, liebevolle Mutter, mit Eifer, damit wir deine Botschaft leben und sie anderen weitergeben! O gnädige Königin des Friedens, geleite uns durch das Leben und den Tod zu dem herrlichen Los, das uns in der Welt der immerwährenden Freude erwartet, in der Welt der Auferstehung von den Toten.

9. EIN BLICK INS FEGEFEUER

Bekanntlich hat Unsere Liebe Frau den Sehern von Medjugorje (wie den Sehern von Fatima gleichermaßen) nicht nur Himmel und Hölle gezeigt, sondern auch das Fegefeuer. Das geschah, um ihnen - und durch sie auch uns - jene geheimnisvolle, sehnsuchtsvolle Welt der Reue und der Reinigung nahezubringen. Indem sie unseren Glauben an das Fegefeuer fördert, lenkt die Gottesmutter unser Mitleiden auf die Armen Seelen und bewegt uns, ihnen durch unsere Gebete und Opfer zu helfen.

Botschaften über das Fegefeuer

Wir wollen zunächst sehen, was die Gospa zu diesem Thema gesagt hat.

* "Liebe Kinder, es gibt viele Seelen im Fegefeuer. Unter ihnen sind auch solche, die Gott geweiht waren - auch Priester und fromme Seelen. Betet für sie wenigstens 7 Vaterunser, Ave Maria und Ehre sei dem Vater, dazu das Glaubensbekenntnis.
Das empfehle ich euch. Es gibt eine große Zahl von Seelen, die schon eine lange Zeit im Fegefeuer sind, weil niemand für sie betet." (21.7.1982).

* "Liebe Kinder, heute lade ich euch ein, täglich für die Seelen im Fegefeuer zu beten. Gebet und Gnade sind für jede Seele unerläßlich, um Gott und seine Liebe zu erreichen.
Wenn ihr so handelt, liebe Kinder, werdet ihr für euch selbst neue Fürsprecher gewinnen, die euch zu der Erkenntnis verhelfen, daß alle irdischen Dinge unwichtig sind und daß wir uns nur um eines bemühen sollen, nämlich den Himmel zu erreichen. Deswegen betet unablässig zum Segensgewinn für euch und jene anderen, die ihr mit euren Gebeten trösten könnt." (6.11.1986).

* "Liebe Kinder, die Seelen im Fegefeuer warten auf eure Ge bete und Opfer." (1.11.1983).

Die Wirklichkeit des Fegefeuers

Hier wird unser Glaube und unsere Achtung von der Mutter von Medjugorje für eine stark vernachlässigte dogmatische Wahrheit gefördert, eine Wahrheit, die ihren Ursprung und ihre Stütze in der heiligen Schrift und in der traditionellen Lehre findet, einschließlich einiger Konzilsdefinitionen. Darüberhinaus stützt sich diese Wahrheit auf die tägliche Glaubenspraxis der Kirche, wie sie in der offiziellen Liturgie und in der privaten Verehrung der Gläubigen zum Ausdruck kommt. Die Wirklichkeit des Fegefeuers wurde in unseren Tagen wieder vom II. Vatikanischen Konzil bestätigt. Es erklärte: "Wir nehmen mit großer Verehrung den ehrwürdigen Glauben unserer Vorfahren an und achten die lebendige Gemeinschaft mit unseren Brüdern in der Herrlichkeit des Himmels wie auch mit jenen, die sich nach ihrem Tode noch in der Läuterung befinden." So hell leuchtet das Licht der Offenbarung, daß es die Wirklichkeit über den Horizont des Todes hinaus erhellt und uns dort neben Himmel und Hölle jenen anderen Bereich vor Augen stellt, den wir Fegefeuer nennen. Dort befinden sich, ähnlich wie in einem Gefängnis oder in einer Strafanstalt, die vom Leib gelösten menschlichen Seelen in großer Zahl, die sich der reinigenden Sühne der Schuld unterziehen müssen, die sie gegenüber der Gerechtigkeit Gottes auf sich geladen haben (eine Schuld, die schon vergeben worden ist). In diesem Prozeß der reinigenden Sühne und Läuterung werden die Armen Seelen mehr und mehr für den Eingang ins Paradies vorbereitet.

Während dieser Zeit können wir, die Glieder der streitenden Kirche, d.h. der Kirche in dieser Zeit der Prüfungen, Gebete und Leiden für unsere Brüder und Schwestern in der leidenden Kirche - wie das Fegefeuer genannt wird - darbringen und unter bestimmten Umständen sogar ihre Befreiung erreichen. Die offizielle Lehre darüber wurde auf dem Konzil von Trient formuliert: "Den Seelen im Fegefeuer wird durch die Gebete der Gläubigen, vor allem aber durch die Feier des heiligen Meßopfers geholfen."

Annäherungen an das Fegefeuer

Das Konzil von Trient bietet uns manchen wertvollen Ratschlag in bezug auf das Fegefeuer, insbesondere hinsichtlich der volkstümlichen Darstellungen. Es fordert uns auf, spitzfindige und schwierige Sichtweisen zu vermeiden, die nicht beweisbar sind. Es wehrt ebenso alles ab, was müßige Neugierde und Aberglaube hervorbringen und natür-

lich alles Skandalöse und Abstoßende.
Der Leser kann sicher sein, daß in den Aussagen Medjugorjes zu diesem Thema über all dies nichts gefunden wird. Zunächst einmal stehen all diese Aussagen im Einklang damit, was die Lehre der Kirche uns darüber sagt. Ferner beleuchtet das Licht, das durch die privaten Offenbarungen auf das Fegefeuer fällt, dieses eben genauso, wie die klassischen Mystiker über die geheimnisvolle Welt jenseits der Grenze des Todes gesprochen haben.

Bezüglich der theologischen Überlegungen über die Wirklichkeit des Fegefeuers gehen diese zurück auf die Kirchenväter und wurden durch einige der bedeutendsten Persönlichkeiten der Geschichte der Theologie bereichert. Solche Überlegungen haben einen hohen Wert. Voraussetzung ist natürlich, daß sie im Rahmen der Lehre der Kirche bleiben. Die theologische Spekulation zu diesem Bereich bringt, wie wir bald sehen werden, größere Klarheit über das, was private Offenbarungen zeigen. Durch sie erhalten wir dank dieser verschiedenen Quellen Erkenntnisse über das, was Rahner beschreibt als "Überlegungen, die für das Verständnis des Fegefeuers hilfreich sind."

Die Seher bezeugen

Allen Sehern wurde das Fegefeuer gezeigt, speziell Vicka und Jakob im November 1981. Sie erklärten, die Gottesmutter habe sie nicht in das Fegefeuer mitgenommen, sondern es sie nur von außen sehen lassen. Es besteht eine große Übereinstimmung über die Eindrücke, die von allen Sehern beschrieben werden. Sie sind in einer Anzahl von Interviews zu finden, z.B. in Jan Connels Buch "KÖNIGIN DES KOSMOS" und in dem Werk von P. Janko Bubalo "TAUSENDE VON BEGEGNUNGEN MIT DER JUNGFRAU MARIA".
Sicherlich ist Vickas Beschreibung des Fegefeuers die vollständigste und die lebendigste. Es ist ein wüster, strenger, abgründiger Raum zwischen Himmel und Hölle, aschgrau in der Farbe, melancholisch, eingehüllt in Nebel und feuchten Dunst, häßlich und trostlos für den Aufenthalt. Und er ist voller menschlicher Seelen. "Wir konnten sie nicht sehen," sagte Vicka, "aber es war uns bewußt, daß sie unter furchtbaren Leiden wimmerten, stöhnten und zitterten." Vicka berichtet weiter die ermahnenden Worte der Jungfrau Maria: "Die Armen Seelen brauchen eure Gebete, besonders diejenigen, für die niemand

betet." Was wir von Vicka außerdem erfahren können, ist dies, daß "die Armen Seelen uns auf Erden sehen können, aber nur, wenn wir namentlich für sie beten." Marijas Bericht vom Fegefeuer stimmt mit dem von Vicka nahezu überein. Es herrscht dort eine ungeheure Verzweiflung, grau, unglücklich, erbarmungslos und verdunkelt durch Nebel und Schleier. "Man kann die Armen Seelen dort nicht sehen," sagt Marija, "es ist, als seien sie in dichte Wolken gehüllt." Sie fährt fort und sagt: "Sie können für uns beten, aber nicht für sich selbst. Sie haben ein ganz verzweifeltes Bedürfnis nach unseren Gebeten..... Ich hörte viele Stimmen um unser Gebet flehen. Sie sehnen sich nach unseren Gebeten, um durch sie schneller den Himmel zu erreichen. Die Muttergottes sagte uns, daß wir viel für sie beten und Opfer darbringen sollen. Auch sollen wir um ihretwillen die heilige Messe besuchen." Auch Ivan erzählt: "Die Seelen im Fegefeuer leiden. Wenn niemand für sie betet, dauern ihre Leiden länger." Und er fügt die weise Bemerkung hinzu: "Unsere Liebe Frau hat gesagt, daß die Armen Seelen vollkommen allein sind." Von Mirjana erhalten wir, wie erwartet, praktische Hinweise.

"Die heilige Jungfrau," sagt sie, "hat uns aufgefordert, für die Seelen im Fegefeuer zu beten. Sie sind hilflos und können für sich selbst nicht beten. Durch unser Gebet können wir auf der Erde viel tun, um ihnen zu helfen." Ivanka und Jakob waren auf ihre charakteristische Weise lakonisch bei ihren Bemerkungen über die Beobachtungen des Fegefeuers. Jakob seinerseits ergänzte seine Aussage mit einem kleinen Juwel an Weisheit. Als wir ihn fragten, ob wir - wie er - beten sollten für die Armen Seelen, gab er zur Antwort: "Ja, als ein Akt der Liebe!"

Das Fegefeuer und wir

"Es gibt hier viele," schrieb der heilige Augustinus, "die das Leben nicht so schlecht geführt haben, um der Barmherzigkeit unwürdig zu sein, aber auch nicht so gut, um ein Anrecht auf die Glückseligkeit des Himmels zu besitzen." Viele von uns werden instinktiv fühlen, daß wir zu dieser mittleren Kategorie gehören. Wir dürfen dann ein ewiges Leben erwarten, das uns aber so lange vorenthalten wird, bis wir zuvor eine Periode der Buße und der Reinigung erfahren haben.

Mit Gottes Gnade werden wir in seinem Frieden sterben. Aber mit aller Wahrscheinlichkeit werden wir noch in seiner Schuld stehen, wenn wir die Wiedergutmachung der Sünden betrachten, die er uns glücklicherweise im Leben vergeben hat. Nach den Worten von Gerontius werden wir uns "zu den Seelen im Gefängnis des Fegefeuers gesellen für die ungesühnte Schuld während unserer Lebenszeit." So ist das Fegefeuer alles andere als abstrakt und akademisch. Es ist vielmehr ein konkreter und wichtiger Gegenstand in den Lehrstunden der Muttergottes von Medjugorje. "Mea res agitur." Es betrifft mich persönlich, lebensnah. Es hat deswegen sehr viel mit Wiedergutmachung zu tun, insbesondere damit, dem Gott der Gerechtigkeit Sühne zu leisten für die Mißachtung seiner Gebote.

Wiedergutmachung ist die Entsprechung für Sühne, Genugtuung und Reue, und ein Teil von ihr wird für jede und jedermanns Sünde gefordert. Damit wird die Bereitschaft zur Reue für alle unsere sündigen Herzen zur heiligen Pflicht. Das kann einerseits geschehen, indem wir uns freiwillig Abtötungen und Selbstbeschränkungen auferlegen oder andererseits, indem wir alle Versuchungen, Schwierigkeiten und Leiden zum Opfer bringen, die das Leben uns bereitet.

Wir sehen also, warum die Buße in der Botschaft von Medjugorje eine so große Rolle spielt. Wir erkennen aber auch ihre Bedeutung als eine Vorwegnahme des Fegefeuers hier auf Erden. Und weil die Qualen des Fegefeuers weit größer sind als alles, was wir im Leben erfahren können, wird uns vom heiligen Robert Bellarmin der Rat gegeben, größten Gewinn aus dieser Erkenntnis zu ziehen. Das bedeutet, daß wir lernen sollten, die gegenwärtige Welt als einen "Außenposten" des Fegefeuers anzusehen. Das schöne mittelalterliche Gebet - der Jesus-Psalter lehrt uns dasselbe. Eine seiner Anrufungen beginnt mit den Worten: "Jesus, Jesus, Jesus, schicke uns hier unser Fegefeuer!"

Das Fegefeuer und unser Nächster

Unsere Liebe Frau hat Mirjana ausdrücklich ermuntert, in besonderer Weise für ihre verstorbenen Verwandten und Freunde zu beten und ihnen Frieden und Trost zu bringen durch den Besuch der heiligen Messe in ihren Anliegen. (28. Januar 1987). Vicka sagte in einem Interview, daß sie ähnliche Aufträge erhalten habe.

Wir sehen hier einen weiteren Grund, warum das Fegefeuer unser Leben so tief berührt. Einige der so sehr vermißten Lieben, aber auch alte Freunde und Kollegen sind sehr wahrscheinlich in der großen Menge, die von der göttlichen Gerechtigkeit in jenen strafenden und reinigenden Flammen festgehalten werden.

Dazu gehören unsere geliebten Mütter, die liebevollen Väter, unsere Brüder und Schwestern und die anderen Familienangehörigen, all jene unvergeßlichen Menschen, deren Leben mit dem unseren verbunden war - eine ganze Schar von Personen kommt uns dabei in Erinnerung. So geschieht es auch bei den Worten Tennysons: "O, um der Berührung einer verschwundenen Hand - um den Klang einer Stimme, die für immer schweigt!" Wir sehen ihre Gesichter, die uns durch den Nebel der Erinnerung zulächeln und wir beklagen sie tief. Aber wir sind Gott sei Dank nicht völlig von ihnen abgeschnitten, sondern wir können zu ihnen eine Brücke des Glaubens, des Dialogs, der Liebe und der Solidarität bauen, die doch selbst so ganz hilflos sind. Aber vor all dem fließt ihnen aus dem heiligen Meßopfer stets ein neuer Strom von Trost und Erleichterung ihrer bitteren Leiden zu, in denen sie sich befinden.

Außerdem können wir, wie wir sehen, Vergünstigungen für die Armen Seelen erwerben, einschließlich des goldenen Geschenkes eines vollkommenen Ablasses. Dies kommt einer Total-Amnestie gleich für einige Häftlinge in dieser göttlichen Besserungsanstalt und bringt ihnen augenblicklich Befreiung und die Glorie des Himmels (vgl. dazu die im Anhang beschriebenen Bedingungen).

Der Schmerz der Verlassenheit

Wie die Seher sich selbst überzeugen konnten, gibt es in dieser Schattenwelt viel Schmerz und Leid, wo ungezählte Geister der Entschlafenen ihre vergangenen Sünden büßen und sich einer sühnenden Reinigung unterziehen müssen.

Begrifflich gibt es zwei Arten von Schmerzerfahrungen im Fegefeuer, weshalb die Seelen als die leidende Kirche bezeichnet werden. Der erste Schmerz ist der Schmerz der Verlassenheit, der - obwohl zeitlich begrenzt - darin besteht, daß die Seele der beglückenden Gottesschau beraubt ist. Die Seelen im Fegefeuer erkennen viel deutlicher als jemals zuvor die unendliche Vollkommenheit und Notwendigkeit Gottes und verzehren sich in brennender Sehnsucht nach ihm.

Mehr noch, ihre Sehnsucht nach Gott wird noch gesteigert durch das völlige Freisein von allen zeitlichen Zerstreuungen und Sorgen, aber auch dadurch, daß sie nicht mehr das Subjekt der Trägheit und des verderblichen Einflusses ihres Körpers und ihrer Sinne sind. Hinzu kommt die schmerzliche Erkenntnis der Heiligkeit Gottes und der Verwerflichkeit der Sünde.

Die Seherin Marija erhielt die Erlaubnis, einen Blick in diesen Schmerz der Verlassenheit zu tun. "Die größte Pein der Armen Seelen," sagte sie in dem Interview mit Jan Connell, "besteht darin, daß sie sehen, es gibt einen Gott, aber sie haben ihn auf Erden nicht angenommen. Nun sehnen sie sich so sehr danach, ihm näher zu kommen. Nun leiden sie so tief, weil sie erkennen, wie sehr sie Gott beleidigt haben, wie oft sie ihn mißachtet und wie viele Gelegenheiten sie versäumt haben."

Der Schmerz der Sinne

Weil es sich um einen konkreten Schmerz von fühlbarer Art handelt, der nichtsdestoweniger auf der immateriellen menschlichen Seele lastet, wird diese zweite Art von Fegefeuerpein "Schmerz der Sinne" genannt. Allgemein wird er mit einem physischen Feuer verglichen, obgleich er ganz und gar verschieden ist von allem, was uns auf Erden bekannt ist. Er vermag deshalb auch Leiden über Geister zu bringen, wenn sie vom Leib gelöst sind.

Der heilige Thomas lehrt: Der Fegefeuerschmerz ist so schlimm, daß sein kleinster Teil weitaus größer ist als das schwerste vorstellbare Leiden auf der Erde. Tatsächlich, so fährt der heilige Thomas fort, ist er sogar größer als das, was unser Herr bei seinem Leiden erdulden mußte.

Diese und ähnliche Aussagen der Theologen werden durch das Zeugnis der Mystiker bestätigt. So hat z.b. die Karmelitin Maria Magdalena von Pazzi im 17. Jahrhundert berichtet, daß ihr die Worte fehlten, um die Qualen des Fegefeuers zu beschreiben. Im Vergleich dazu, sagt sie, seien "die Kerker der Martyrer ein Lustgärtlein" gewesen.

Die katholische Tradition lehrt, daß es im Fegefeuer verschiedene Stufen des Leidens gibt, die eingeteilt sind in Phasen der Dauer und Grade der Intensität. Diese Grade entsprechen der Buße und der Läuterung, die der gerechte und heilige Gott von jeder Seele fordert. Diese verhältnisgemäße Zuweisung der göttlichen Strafbeschlüsse wird von Mirjana in dem Dante-artigen Eindruck bestätigt, den sie vom Fegefeuer gewann. "Es gibt verschiedene Ebenen," sagte sie in dem Interview mit Jan Connell. "Die tiefste ist der Hölle am nächsten, wo auch die Leiden am größten sind. Die höchste Stufe ist dem Himmel am nächsten, und dort ist das Leiden am geringsten." Auf welcher Stufe man sich befindet, richtet sich nach dem Zustand der Reinheit der Seele. Je tiefer die Seelen im Fegefeuer sind, umso weniger sind sie fähig zu beten, umso mehr leiden sie. Je höher eine Seele im Fegefeuer ist und je leichter sie deswegen beten kann, umso mehr freut sie sich zu beten und leidet weniger.

Gottes Heiligkeit und Gerechtigkeit

Die bedeutsamste Lehre, die aus der harten Fegefeuerschule des Leidens gezogen werden muß, ist die von der Allheiligkeit und Allgerechtigkeit Gottes. Seine grenzenlose Heiligkeit spiegelt sich wider in der ganzen Strenge der Fegefeuerstrafen.

Denn die Sünde, auch die allerkleinste, ist grundsätzlich eine Beleidigung der göttlichen Heiligkeit, und die Leiden des Fegefeuers sind deshalb auch grundsätzlich Strafe für die Sünden, die wir begangen haben.

Die Strafen des Fegefeuers sind gleichermaßen ein Zeichen für die Gerechtigkeit Gottes, denn Gott verlangt die Wiedergutmachung jeder einzelnen Sünde, wenngleich er die Schuld verzeiht, durch die er beleidigt worden ist.

Wenn wir bereit sind, das zu bedenken, so gilt dieses Prinzip - Bestrafung gemäß dem Verbrechen - für jedes Rechtssystem, weil es ohne dieses Prinzip nur "Papiertiger" gäbe und die Verbrecher ohne Strafe davonkommen würden. Um wieviel mehr muß es dann eigentlich dem göttlichen Recht zukommen, weil ja aus dieser Quelle alle moralischen und gesetzlichen Systeme ihren Ursprung haben.

In der Tat erkennen wir die konkrete Anwendung dieses Prinzips in der wirklichen Existenz des Fegefeuers. Denn es ist jenes Gefängnis, in dem die Übeltäter gegen Gottes Gesetz ihm, dem gerechten Richter, bis zum letzten Heller ihre Schuld bezahlen müssen - vereint mit der überreichen Wiedergutmachung der Schuld durch unseren Erlöser - bevor sie zur beseligenden Anschauung Gottes zugelassen werden können (vgl. Mt. 5,26).

Das Fegefeuer reinigt

Der Strafcharakter des Fegefeuers macht uns klar, wie groß die Beleidigung Gottes durch die Sünde ist, daß er solch harte Strafen verhängt.

Auf der anderen Seite zeigt uns die reinigende Wirkung des Fegefeuers, wie schrecklich die verwüstenden und zerstörerischen Wirkungen der Sünde auf die menschliche Seele sind, daß eine so tiefgreifende Reinigung erforderlich ist.

Wahrhaftig, der eigentliche Zweck des Fegefeuers wird schon durch seinen Namen angezeigt, der von dem römischen militärischen Ausdruck "Waschhaus" abgeleitet ist (purgatorium - purgatory). "Die Armen Seelen," so faßt es das Konzil von Lyon zusammen, "werden bestraft mit den Strafen der Reinigung." "Nichts Beschmutztes wird in den Himmel eingehen." Demzufolge kann das Fegefeuer mit einem göttlichen Schmelztiegel verglichen werden, in dem der Abfall der Sündenwirkungen ausgesondert wird, während er das reine Gold der Heiligkeit zurückläßt. Oder wir können die menschliche Seele auch mit einem unvergänglichen Diamanten vergleichen, der durch die Sünde einen Riß bekam und der Polierung bedarf, um vor Gott rein bestehen zu können.

"Die Sprache der Toten," so heißt es, "vollzieht sich mit feurigen Zungen jenseits der Sprache der Lebenden." Was sagen uns aber dann die Armen Seelen in der schweigenden Sprache des Glaubens und der Liebe? Ihre Botschaft ist einfach und eindringlich zugleich: Vermeidet die Sünde um jeden Preis, denn sie verletzt nicht nur Gott, sondern zerstört auch euch selbst in eurem innersten Wesen. Sie zieht furchtbare Bestrafung nach sich. Sie erfordert einen schrecklichen Prozeß der Heilung und Reinigung. Sie verhindert eure Zulassung in die Herrlichkeit des Paradieses.

Gute Diebe und Schornsteinfeger

Um noch einmal aufzugreifen, was im Kapitel über den Tod gesagt wurde: Der gute Schächer, der neben unserem Herrn starb, steht stellvertretend für uns, "weil auch wir Schächer sind, Schächer der schlimmsten Art. Durch unsere Sündhaftigkeit berauben wir unseren Schöpfer und Heiland des ihm gebührenden Maßes an Ehrfurcht, Huldigung und Dienstbarkeit." In ähnlicher Weise sind auch die Seelen im Fegefeuer gute Schächer, die ihren Frieden mit Gott gemacht haben.

Darüber hinaus hängen auch sie am Kreuz der Schmerzen und der Läuterung, aufgehängt zwischen Himmel und Erde. Was sie sagen, gemäß ihrem Vorbild, dem guten Schächer, ist dies: "Wir verdienen diese reinigenden Leiden wegen unserer Sünden. Unsere Leiden müssen auch sein, um die schädlichen Wirkungen der Sünden in uns zu beseitigen." In diesem hellen Licht, das durch die reinigenden Flammen des Fegefeuers erzeugt wird, sehen die Armen Seelen alles klar.

Sie erkennen, daß sie - wie so mancher Kaminfeger - einer gründlichen Reinigung bedürfen, bevor sie des königlichen Hofes im Paradies würdig sind. Sie machen sich die Worte des Psalmisten zu eigen, da sie sich für den Tag ihrer Befreiung vorbereiten: "Wasche mich rein von meiner Schuld, die ich so reichlich in mir finde, reinige mich von der Sünde, die ich niemals aus meiner Sicht verliere." (Ps. 50,4-5).

Die reinigenden Flammen reichen hinunter bis in die verborgenen Tiefen unseres innersten Seins und befreien uns so von den Wirkungen der Sünde - ihren zahlreichen Spuren, Verunreinigungen, Fehlern, ihrem Schorf und ihren Schrammen. Dieser bedauernswerte Zustand ist das Ergebnis einer lebenslangen Sündhaftigkeit und unserer tiefverwurzelten Verbindung mit verbotenen Dingen, unserer tiefsitzenden schlechten Gewohnheiten, unseres eigensinnigen Stolzes, der Leidenschaften, unserer Selbsterlösung, der sündhaften Neigungen, der Vernachlässigung des Gnadenangebots, unseres Flirts mit dem Satan, unserer Laschheit und Lauheit, der Trägheit und Schwerfälligkeit im Dienst für Gott, unserer Arroganz, der Verfehlungen in der Liebe, des Ungehorsams und der Unwahrhaftigkeit, der Rebellion gegen den Willen Gottes, unserer Treulosigkeit in der Pflichterfüllung, unserer Mittelmäßigkeit und unserer schwachen Werke als Jünger und Apostel.

Der Friede und die Freude des Fegefeuers

Wie wir gesehen haben, ist das Fegefeuer eine Welt des Leidens - Leiden, das straft, aber auch läutert und die sündenbefleckten Seelen auf ihre ewige Bestimmung vorbereitet. Die Wunden, die von der Sünde stammen, werden mit chirurgischer Präzision beseitigt und im Feuer der göttlichen Heiligkeit und Gerechtigkeit geheilt. Dadurch werden die menschlichen Seelen würdig und bereit gemacht, in die Herrlichkeit Gottes einzutreten und sich an ihr zu erfreuen.

Aber ein seltsames Paradoxon besteht im Fegefeuer. Obwohl die heilende Pein als große Bestimmung über der ganzen Weite liegt, werden die Seelen gleichzeitig mit tiefem Frieden und großer Freude erfüllt. Deshalb verglich die heilige Katharina von Genua, die eine mystische Schau des Fegefeuers hatte, dieses mit "einem süßen Gefängnis, einem heiligen Grab." "Die Seelen sind mit Freude erfüllt," erklärte sie, "weil sie immer mehr mit dem Willen Gottes vereinigt werden." Sie behauptete sogar, daß "ihre Freude mit nichts zu vergleichen sei außer mit der noch größeren Freude des Paradieses selbst." Der heilige Franz von Sales sagte dasselbe aus. "Durch den Gedanken an das Fegefeuer," schreibt er, "können wir mehr Trost gewinnen als Angst. Wir dürfen nicht an die Leiden denken, ohne ebenfalls den Frieden und die innere Glückseligkeit zu betrachten, die die Armen Seelen empfinden. Ihre Qualen, das ist wahr, sind so groß, daß die schlimmsten Leiden dieses Lebens nicht mit ihnen zu vergleichen sind. Trotzdem ist die innere Zufriedenheit dort so stark, daß kein irdisches Glück ihr gleichkommt." "Das bedeutet," so fährt der Heilige fort, "daß die Armen Seelen ununterbrochen mit Gott verbunden sind und seinem Willen gleichförmig werden. Weil es aber Gottes Heiligkeit so verlangt, reinigen sie sich bereitwillig und in liebevoller Hingabe. Darüberhinaus ist ihnen die Erlösung sicher durch die Kraft der Gnade, und sie sind nicht mehr in der Gefahr zu sündigen. Auch erfahren sie in dieser Zeit der Läuterung die tröstliche Gegenwart ihrer Schutzengel." "Die bittere Pein der Armen Seelen," sagt der heilige Bischof schließlich, "wird gemildert durch einen tiefen inneren Frieden. Daher ist das Fegefeuer eine Art von Hölle bezüglich der Leiden, aber bezüglich der Freude, die durch die Liebe in ihren Herzen wohnt, ist es ein Paradies."

Das Paradoxon des Fegefeuers

So werden wir hier mit einem erfreulichen Widerspruch konfrontiert. Auf der einen Seite bezeugen die Seher von Medjugorje, wie auch andere -, daß das Fegefeuer eine strenge und harte Reinigung darstellt, eingehüllt in Finsternis und Trübsal. Doch andererseits versichern uns die zuverlässigen Zeugen, daß ungeachtet seines reinigenden Leidens das Fegefeuer von Friede, Süßigkeit und Freude überströmt. Diese Gleichzeitigkeit von solchen Gegensätzen in der Erfahrung des Fegefeuers wird weniger geheimnisvoll, wenn wir darüber nachdenken, wie Suarez uns auffordert, daß der gekreuzigte Erlöser niemals auch nur für einen Augenblick seinen göttlichen Frieden verlor. Und er teilt diesen Frieden in überreichem Maße mit seiner Freude an die Glieder seines mystischen Leibes aus, die eine geistige Kreuzigung im Fegefeuer erleiden müssen.

Desgleichen teilte der gekreuzigte Heiland seinen Martyrern hier auf Erden tiefen Frieden und innere Freude mit. Daher können wir gewöhnlich lesen, daß sie mitten in all ihren physischen Leiden besondere Tröstungen des Himmels erfahren haben.

Auch vielen leidenden Gliedern seiner Kirche schenkt der Mann der Schmerzen reiche Gnadengaben. Viele von uns durften und dürfen Behinderten und Kranken begegnen, die Frieden, Glück, Freude und auch Fröhlichkeit ausstrahlen, obwohl sie mit Kreuzen der schwersten Art beladen sind.

Die Armen Seelen helfen

Die Jungfrau von Medjugorje lenkt unseren Glauben und unsere Liebe auf die Armen Seelen im Fegefeuer, indem sie uns auf das schöne Geheimnis der Gemeinschaft der Heiligen verweist. Darunter verstehen wir den Bund, die Einheit aller Glieder der Kirche im Himmel und auf Erden. Dementsprechend können wir Verbindungen der Liebe mit unseren Brüdern und Schwestern herstellen, in dieser Welt sowohl wie auch in der zukünftigen.

Wie bereits früher erwähnt, hörten die Seher von Medjugorje die Armen Seelen sehnsüchtig um unsere Gebete für ihre Rettung flehen. Wir haben auch schon ausgeführt, daß Unsere Liebe Frau die heilige Messe - wenn wir sie mitfeiern - als die wirksamste Stimme hervorhebt, die wir anzubieten haben.

Damit wiederholt die Gottesmutter einen vielfältigen Chor von Stimmen seit der Zeit der Apostel. Der heilige Cyrill von Jerusalem erklärt zum Beispiel, daß die Armen Seelen "große Wohltaten empfangen, wenn diese heilige und unermeßliche Opfergabe auf dem Altare liegt." Der heilige Chrysostomus sagt mit entschiedener Gewißheit aus: "Das eucharistische Opfer ist der beste Weg, den Verstorbenen Erleichterung zu bringen." Niemand hat diese Erkenntnis aber sicherer zum Ausdruck gebracht wie die heilige Monika. Sie hat ihren Sohn, den heiligen Augustinus, ausdrücklich gebeten, ihrer während der heiligen Messe zu gedenken.

Unser gemeinsamer Besitz

Die ganze Bedeutung und Wirksamkeit der heiligen Messe liegt in der Tatsache, daß es sich um jenes Opfer handelt, das von ihm dargebracht wird, der das Haupt des mystischen Leibes ist.

Dieser Leib ist aber eine Gemeinschaft im Geist. Sie besitzt einen Schatz, der aus den überreichen Verdiensten Christi stammt, aber auch aus all den Verdiensten, die von seiner heiligen Mutter und den zahlreichen Martyrern und Heiligen durch die Jahrhunderte erworben wurden.

Dieser gemeinsame Besitz ist also der Reichtum der Verdienste der Kirche (thesaurus ecclesiae). Von diesem Schatz erwerben wir stellvertretende Verdienste und lassen sie den Armen Seelen zukommen.

Wenn wir das tun, tragen wir dazu bei, daß ihnen wenigstens zeitliche Sündenstrafen erlassen werden, die ihnen noch bevorstehen.

Einen solchen Nachlaß von Fegefeuerstrafen nennen wir Ablaß.

Indem wir also einen solchen Ablaß für die Seelen im Fegefeuer gewinnen, tragen wir grundsätzlich zu ihrer Erleichterung und Tröstung bei. Ein Teilablaß erwirkt den teilweisen Nachlaß der Strafen, ein vollkommener Ablaß hingegen erläßt die Strafe vollständig - vergleichbar einer Total-Amnestie -, befreit die Seele aus dem reinigenden Gefängnis und führt sie hinauf in das Reich Gottes.

Mutter Maria und Mutter der Kirche

Wenn die Mutter der Kirche uns in Medjugorje ermahnt, mehr an das Fegefeuer zu denken, drückt sie nur das Mitleid und die Innigkeit aus, die die Kirche diesen hilflosen Scharen entgegenbringt, die im Feuer der Heiligkeit und der Gerechtigkeit Gottes geläutert werden. Daher hat die Kirche vorgeschrieben, daß in jeder heiligen Messe der Verstorbenen gedacht wird. Sie begeht alljährlich den Allerseelentag am 2. November. An diesem Tag sind die Priester bevollmächtigt, für die verstorbenen Gläubigen drei heilige Messen zu feiern, und es werden besondere Erleichterungen gewährt durch den Gewinn eines vollkommenen Ablasses.

Weiterhin hat die Kirche den Monat November ganz den Armen Seelen geweiht, und sie ermuntert uns, geistliche Almosen zu deren Nutzen zu geben.

Die Seherin Mirjana hat ein interessantes Licht auf die Befreiung der

Armen Seelen und ihren Eingang in den Himmel geworfen. Sie bekräftigte wiederholt in ihrem Interview mit Jan Connell (und hier haben wir, wie immer, die Normen im Sinn, die bereits im Einführungskapitel dargelegt wurden), daß nach der Aussage der Muttergottes mehr Seelen am Weihnachtstag vom Fegefeuer befreit werden als am Allerseelentag. Dann werden diese neuen und beglückten Himmelsbürger zu ebenso vielen neuen Fürsprechern in unseren Anliegen werden, besonders dann, wenn wir zu ihrer erlösenden Befreiung beigetragen haben - wie uns die Gospa in einer ihrer Botschaften erklärt hat (6.11. 1986).

Aber wir wollen auch nicht vergessen, daß die Armen Seelen nicht weniger für uns eintreten können, wenn sie noch in der Erwartung des Himmels und in den reinigenden Leiden des Fegefeuers sind. In der Tat sind ihre Gebete besonders wirkungsvoll, und wir wollen deswegen stets in liebevoller Erinnerung ihrer gedenken. Viele Heilige haben es immer so gehalten. So hat z.B. die heilige Katharina von Bologna behauptet, welche Gunst sie auch immer von den Armen Seelen erbitte, sie werde ihr immer gewährt. Auch der heilige Johannes Maria Vianney setzte großes Vertrauen in die Macht ihrer Fürsprache.

Medjugorje und das Fegefeuer

Keine Intention der Gebete der Armen Seelen könnte wirksamer und wichtiger sein, als daß sie uns helfen, die Botschaft von Medjugorje gläubig und mit Eifer zu verwirklichen. Denn sie selbst verwirklichen sie in wunderbarem Maße.

Zunächst: Wer ist mehr auf Gott gerichtet und weiter entfernt von der Sünde als sie, die mitten in den furchtbaren Flammen der Sühne und der Läuterung sind? Sodann ist ihr Glaube stark und glühend, er richtet sie vollkommen auf das Reich Gottes hin und läßt sie vor Sehnsucht brennen, Gott zu schauen und für immer ihm zu gehören. Was den dritten Bestandteil der Botschaft von Medjugorje betrifft - das Gebet - so ist dies der wahre Atem und Herzschlag des Fegefeuers. Innig und unermüdlich beten die Armen Seelen, beten Gott nun an, erneuern nun ihre Reue und Zerknirschung über die begangenen Sünden, opfern ihm nun ihre Leiden als wahre Buße auf, treten bei ihm nun für unsere Anliegen ein, danken ihm nun für alle seine Gaben und halten vertraute Zwiesprache mit der gnadenreichen Königin des Fegefeuers.

Das vierte Element, die Reue, ist ein wahres Anliegen des Fegefeuers. Denn seine Bewohner sind für nichts anderes da als dafür, dem Allheiligen Schöpfergott Wiedergutmachung, Genugtuung, büßende Genugtuung zu leisten als Sühne für die Fehler und Sünden, die ihn verletzten und sie selbst entstellten.

Durch dieses intensive Drama des Glaubens, des Gebetes und der Reue, das sich unaufhörlich inmitten des Feuers abspielt, in dem die Seelen gekreuzigt sind, um rein zu werden für Gott, erfahren die gefangenen Schuldner Gottes einen tiefen inneren Frieden. Es ist jener Friede, den die Engel von Bethlehem verkündet haben. Es ist der Friede des Allerheiligsten Altarsakramentes. Es ist der Friede von Medjugorje, den die Gospa, die Königin des Friedens, gebracht hat.

Abschließendes Gebet zur Gottesmutter

Wir danken dir, Mutter Maria, daß du uns die Augen geöffnet hast für die heilige Welt des Fegefeuers, daß du unser Mitleiden und unseren Eifer angerührt hast für so viele deiner Kinder, die in den reinigenden Flammen eingeschlossen sind.

Stärke unseren Glauben an das Fegefeuer, o Gospa von Medjugorje, damit es für uns lebendige Wirklichkeit und unser Glaube ein beständiger Pfad des Gebetes und der Reue wird. Lehre uns die gegenwärtige Welt wie einen Vorposten des Fegefeuers anzusehen, indem du uns unser Kreuz und unsere Hinfälligkeit als Begleichung unserer Schuld vor Augen stellst, die wir der Gerechtigkeit Gottes für unsere Vergehen zu leisten haben.

Süße und gnädige Königin des Fegefeuers, lehre uns großmütig zu sein, unsere Leiden anzubieten und Ablässe zu gewinnen, besonders vollkommene Ablässe für die Anliegen derer, die reumütig leiden. Mögen sie bald aus ihrer Gefangenschaft befreit werden und so dazu kommen, sich dir anzuschließen, zusammen mit allen Engeln und Heiligen in der Freude der Anschauung Gottes, die ewig und seligmachend ist.

10. DAS GEHEIMNIS DER HÖLLE

In der Lauretanischen Litanei finden sich viele der beliebtesten Titel für die Jungfrau Maria. Dort häufen sie sich und funkeln wie Perlen an einer Halskette aus Lobpreis und Gebet. Einer dieser Titel hat eine besondere Bedeutung in unserem Zusammenhang, nämlich "Mutter des Erlösers". Medjugorje hat sehr viel mit der Erlösung zu tun, die von unserem Heiland bewirkt wurde. Daher ist, wie wir sehen werden, eines der wichtigsten Themen dort der Himmel. Aus demselben Grund werden jene Übel, von denen der Erlöser uns befreit hat - die Sünde und die ewige Strafe - im Lehrplan Unserer Lieben Frau von Medjugorje besonders herausgestellt. Ohne uns erschrecken zu wollen vor dem, was Pius XII. "die schrecklichsten Aspekte der göttlichen Offenbarung" nannte, weist die Muttergottes von Medjugorje uns eindringlich darauf hin, wie es schon ihr Sohn im Evangelium getan hat, daß die ewige Verdammnis eine Realität ist, mit der jeder Pilger in dieser zeitlichen Welt der Prüfung konfrontiert wird. Sie erinnert uns - nach den Worten des heiligen Franz von Sales daran, daß wir in diesem Leben stets zwischen Himmel und Hölle unterwegs sind, und daß unser letzter Schritt über unser ewiges Schicksal entscheidet. "Um diesen letzten Schritt gut zu machen, müssen wir versuchen, alle anderen Schritte gut zu machen." Damit lädt uns die Muttergottes ein - wie es ihrer Rolle als Königin der Propheten zukommt -, über das Undenkbare nachzudenken. Das aber ist die Hölle, ein furchtgebietendes Mysterium menschlicher Bosheit, endgültiger Unbußfertigkeit und Verbannung von Gott "in dem ewigen Feuer, das dem Teufel und seinen gefallenen Engeln bereitet ist." (Mt. 25,41).

Ein Schlüsselgeheimnis

Um zu unterstreichen, wie sehr die Hölle in die Lehre der Jungfrau von Medjugorje einbezogen ist, hat sie erlaubt, daß vier Seher einen Blick in die Hölle tun durften, einen Blick in eine fürchterliche Wirklichkeit. Damit folgt sie der gleichen Methode wie bei den Hirtenkindern von Fatima, indem sie ihnen den reinen Horror der Hölle zeigte und ihren Eifer antrieb, Gebete und Opfer für die sterbenden Sünder darzubringen.

Wir sollten nun einige der Eindrücke betrachten, die die Seher aus dieser Erfahrung gewonnen haben. Aber zuerst wollen wir festhalten, daß die Gottesmutter von Medjugorje, die den Glauben zu einem lebendigen Baustein ihrer grundlegenden Botschaft macht, unseren Sinn und unser Herz damit auf etwas wahrlich tief Verwurzeltes in der traditionellen Lehre der katholischen Kirche lenkt. Deswegen werden wir, ehe wir weitergehen, kurz betrachten, was die Kirche über dieses zentrale, wenn auch dunkle Geheimnis der ewigen Verdammnis aussagt.

Das ABC der Hölle

Die Hölle ist ein Ort und ein Zustand ewiger Bestrafung für schwere, nicht bereute Sünden. "Solche, die Böses getan haben," heißt es im Glaubensbekenntnis des Athanasius, "werden in das ewige Feuer kommen." Dieselbe Wahrheit wird in der dogmatischen Entscheidung Benedikts XII. wiederholt und bekräftigt: "Die Seelen jener, die in schwerer Sünde sterben, steigen sofort in die Hölle hinab, wo sie die Qual der Höllenstrafen erleiden." Die größte und schrecklichste Qual ist die Qual der Verlorenheit und Verlassenheit. Das bedeutet, daß die Verdammten für alle Ewigkeit der Anschauung und des Besitzes Gottes verlustig sind, dieser unendlichen Quelle all dessen, was glücklich macht.
Die zweite Bestrafung der Hölle ist der Schmerz der Sinne. Dieser besteht in der Auferlegung einer endgültigen Strafe durch die Wirklichkeit eines Feuers, das zwar von physischer Art, aber dem irdischen Feuer ganz unähnlich ist. Wir dürfen aber dennoch annehmen, daß der Begriff "Feuer" hier in einem rein metaphysischen Sinn zu verstehen ist, d.h. als Symbol für geistige Pein, besonders für Gewissensqualen. Aber ein großer Teil früherer und auch heutiger Theologen halten an der Sichtweise fest, daß das Höllenfeuer physische Realität ist.
Die Zahl der Verlorenen ist nicht bekannt. Niemals wurde das Verlorensein eines Menschen geoffenbart. Nach dem letzten Gericht werden die Leiber der Verdammten die ewige Bestrafung der Seele teilen. Diese Strafe wird niemals gemildert werden und ewig dauern.

Was Christus lehrte

Was Unsere Liebe Frau von Medjugorje über die Hölle lehrt, stimmt mit der Lehre der Kirche vollkommen überein. Diese Lehre hat aber ihre Wurzeln in der Heiligen Schrift, besonders in der klar definierten

Lehre unseres Herrn in den Evangelien. Er warnt verstockte Sünder - unzweideutig und kompromißlos - immer wieder vor der göttlichen Vergeltung, die sie in den ewigen Flammen "Gehennas" erwartet. Damit gibt er der Hölle die Bezeichnung einer Bergschlucht im Südwesten von Jerusalem, die als Abfallhalde benutzt wurde. Früher war dieser Ort berüchtigt als Heiligtum des Moloch, dem man zudem Menschenopfer darbrachte.

An vielen Stellen der heiligen Schrift spricht Jesus mit warnenden Worten vom "unauslöschlichen Feuer der Hölle." (Mk.9, 44). Als er Menschen aufforderte, ihm nachzufolgen und an sein Evangelium zu glauben, gab er die Verheißung der Erlösung. Aber er warnte die Menschen auch vor der ewigen Verdammnis, wenn sie in ihren Sünden sterben. Immer wieder hat er die Strafe der Hölle angekündigt - für die Sünde gegen den Heiligen Geist (vgl. Mt. 12,32), für die Sünde der üblen Nachrede, für die Sünde der Lieblosigkeit. Das Himmelreich gehört dagegen jenen, die den Willen Gottes erfüllen. Aber die Strafe der Hölle erwartet all jene, die unrecht handeln vor Gott.

Viele Gleichnisse unseres Herrn enden mit der Androhung der Höllenstrafe für die Missetäter. Beispiele dafür sind die Gleichnisse von der Spreu und dem Weizen (vgl. Mt. 13,24-30), vom Fischfang (vgl. Mt. 13,47-50), vom reichen Prasser und dem armen Lazarus (vgl. Lk. 16,19-31), vom großen Gastmahl (vgl. Lk. 14,16-24), von den klugen und den törichten Jungfrauen (vgl. Mt. 25,1-13), von den Talenten (vgl. Mt. 25,14-30).

Unser Heiland vergleicht den Lebensweg des Menschen auch mit einer Straße, die zum Leben oder aber ins Verderben führt und ermahnt uns ausdrücklich, den zu fürchten, "der Leib und Seele ins Verderben stürzen kann." (Mt. 10,28).

Aber sicherlich besteht die eindrücklichste Warnung von allen in jenen furchtbaren Worten der Verurteilung, die von Christus am Tag des Weltgerichtes über die Verdammten gesprochen werden: "Weg von mir, ihr Verfluchten, in das ewige Feuer, das dem Teufel und seinem Anhang bereitet ist!" (Mt. 25,41). Wer die Lehre von der Hölle leugnet, der leugnet das Evangelium Christi, der leugnet Christus selbst.

Ein Blick in die Hölle

Am 5. November 1981 wurde vier Sehern aus Medjugorje, nämlich

Vicka, Marija, Ivan und Jakob von Unserer Lieben Frau ein Blick in die Hölle gewährt. Die beiden übrigen Seher, Mirjana und Ivanka, äußerten ihre Abneigung, solche schrecklichen Bilder zu sehen. Die Muttergottes sagte, daß es ihre Absicht sei, den Sehern durch einen Blick auf die furchtbare Hölle einen Eindruck der grauenvollen Strafe zu geben, die jene Sünder erwartet, die die erlösende Liebe ihres Sohnes aus freiem Willen zurückwiesen und in diesem Zustand die Welt verlassen haben. Sie fügte hinzu, daß wir auch für diejenigen, die in einem solchen Zustand sterben, beten und Opfer bringen sollen.

Etwa zwei Wochen nach dieser ersten Erfahrung wurde Vicka und Jakob eine noch tiefere Einsicht in den Ort und Zustand ewiger Unversöhnlichkeit und Qual gewährt. Wieder drängte die Muttergottes sie, großmütig für die sterbenden Sünder zu beten und zu opfern.

Die vier Seher berichteten uns über die Hölle in erstaunlicher Übereinstimmung mit dem, was die Mystiker durch die Jahrhunderte aus ähnlicher Erfahrung geschaut haben. Natürlich müssen wir bei all solchen mystischen Visionen Raum lassen für Elemente des Symbolismus und des Relativismus, die der Psychologie der Visionäre entsprechen. Denn unbestreitbar gehen ja überirdische Wirklichkeiten und Zustände über unser Fassungsvermögen hinaus. Das kann aber nicht bedeuten, daß die Erfahrung eines Sehers keinen objektiven Wert besitzt.

Das Zeugnis der Seher

Vicka hat ein recht genaues Bild von der Höllenlandschaft gezeichnet, die sie bei zwei Gelegenheiten beobachten und bezeugen konnte. Wir finden ihre Aussage darüber in dem ausgezeichneten Interview mit Jan Connell. Ergänzt werden diese Ausführungen durch das, was sie P. Janko Bubalo beschrieb. "Im Zentrum der Hölle," sagte Vicka, "lodert ein riesiges Feuer, ein Meer brausender Flammen. Bevor die Menschen in das Feuer hineingehen, erscheinen sie normal. Je mehr sie gegen Gottes Willen sind, umso tiefer gehen sie in das Feuer. Und je tiefer sie hineingehen, umso mehr rasen sie gegen Gott. Wenn sie aus dem Feuer auftauchen, haben sie keine menschliche Gestalt mehr, sondern sehen aus wie groteske Tiere, aber keinem Tier auf Erden vergleichbar. Sie sind schrecklich, häßlich und wütend." "Als sie aus dem Feuer kamen, rasten und tobten sie gegen alles um sie herum, sie zischten, knirschten mit den Zähnen und schrien laut." Vicka fügte hinzu, daß die Verdammten von den Dämonen gequält und geplagt werden und daß sie ständig Obszönitäten und Gotteslästerungen aus ihrem Mund stießen.

Marijas Zeugnis ist sehr ähnlich. "Die Hölle," sagte sie, "ist ein Feuermeer, über das geschwärzte Figuren gehen." Sie bemerkte unter den Verlorenen auch ein schönes Mädchen, das, als es aus den Flammen auftauchte, wie ein wildes, widerwärtiges Tier aussah.

Die Worte der Muttergottes zu den Sehern waren: "Das ist die Bestrafung für jene, die Gott nicht lieben. Heute kommen viele in die Hölle." Vicka berichtet weiter: "Die Heiligste Jungfrau sagt, daß die Menschenseelen dort in der Hölle sind, weil sie den Weg zur Hölle wählten. "Es ist ihre eigene Wahl, wenn sie sterben; es ist ihr Wille, daß sie in die Hölle gehen." Marija bezeugt ähnlich: "Jeder, der in die Hölle kommt," so zitiert sie die Muttergottes, "tut dies, weil er sich selbst dafür entschieden hat. Gott verdammt niemanden. Sie verdammen sich selbst!"

Ähnliche Zeugnisse

Die Zeugnisse der Seher von Medjugorje zeigen in vielen Punkten Übereinstimmung mit dem Zeugnis anderer, die ähnliche Erfahrungen hatten.

Der heiligen Lidwina wurde die Wohnung der Verdammten von ihrem Schutzengel gezeigt. Aber sie konnte die Schau der Flammen und Qualen nicht ertragen. Noch weniger war sie imstande, das Schreien voller Wut und Verzweiflung und die Gotteslästerungen auszuhalten.

Die heilige Franzsiska von Rom reagierte in gleicher Weise. Später erfüllte sie die bloße Erwähnung der Hölle mit Entsetzen über das alptraumhafte Erlebnis des Höllenfeuers, die tierischen Gestalten und das teuflische Tollhaus aus Blasphemie und bitterem Haß.

Was Theresia von Avila anbetrifft, so war sie von einer Vision der Hölle - selbst nach einem Zeitraum von sechs Jahren - so erschüttert, daß sie sich bei dem bloßen Gedanken an die Hölle immer noch entsetzt und geängstigt fühlte. Sie faßte das Geheimnis der Hölle, ihrer wütenden Feuerflammen, der tierischen Lebewesen, der Mißklänge aus Flüchen und Lästerungen in die Worte zusammen: "Es ist ein Ort ohne Gott." Wenigen Mystikern wurden so tiefe Erfahrungen über die Höllenwelt gewährt wie der spanischen Klosterschwester Josefa Menendez. Auch sie berichtet von den strafenden Flammen und den schrecklichen Bildern und Geräuschen. Aber sie weist wiederholt auf die größte Qual der Hölle hin, nämlich die Unfähigkeit der Seelen zur Liebe. Einer der Verdammten schrie laut aus: "Das ist meine Qual, daß ich lieben will, aber nicht lieben kann. Es bleibt mir nichts außer Haß und Verzweiflung. Wir sind nicht fähig, den zu lieben, den wir zu hassen verdammt sind. Wir hungern nach Liebe, wir verzehren uns in Sehnsucht. Aber es ist zu spät!" Eine der Seherinnen von Fatima, Schwester Lucia, die nun als Karmelitin in Coimbra lebt, schrieb auf Wunsch ihres Bischofs den folgenden Bericht über ihre Höllenerfahrung auf, die sie mit ihren Gefährten im Jahre 1917 hatte: "Wir sahen sie als ein Flammenmeer. Eingetaucht in dieses Feuer waren Dämonen und Seelen von menschlicher Gestalt, wie hell glühende Kohlen, wie ganz geschwärzte und verbrannte Bronze, die über die Feuer schweben unter Schreien und Stöhnen vor Schmerz und Verzweiflung. Wir erschraken und zitterten vor Angst. Dieser Anblick muß mich veranlaßt haben, laut aufzuschreien, wie die Leute sagten, die mich hörten."

Der Schmerz der Verlorenheit

Es ist erklärte Lehre der Kirche (zuletzt festgelegt durch Benedikt XII. und das IV. Laterankonzil), daß die ewige Strafe vornehmlich und hauptsächlich im Schmerz der Verlorenheit besteht, eine für immer andauernde Verbannung von der seligen Anschauung Gottes und dem Besitz der Freude des Himmels, die damit verbunden ist.

Unsere Liebe Frau macht den Sehern von Medjugorje klar, daß jene, die die Welt in persönlicher schwerer und unbereuter Gewissensschuld verließen, sich selbst die ewige Verlorenheit gewählt haben. Ihre Wahl gilt für immer. Es ist die logische und offenbarte Folge der Abkehr von Gott. Das Maß ihrer Verwerfung und ihres Verlustes entspricht dem Grad ihrer Abwendung von Gott, dem Herrn.

Was dieser Verlust bewirkt, ist dementsprechend die ewige Selbstverdammung im Gefängnis Satans. Aus freiem Willen und in zerstörerischer Weise wählen sie die Verbannung und das ewige Exil, fern vom ewigen Leben Gottes und so "verfallen sie dem Gericht des Teufels." (1 Tim. 3,6).

So wird das Verdammungsurteil, das beim Jüngsten Gericht von Christus ausgesprochen wird, nur die von ihnen schon selbst gewählte Verdammung bestätigen: "Weg von mir, ihr Verfluchten, in das ewige

Feuer, das dem Satan und seinen Engeln bereitet ist!" (Mt. 25,41).

Der zweite Tod

"Der immerwährende Tod der Verdammten, der in der Trennung vom Leben Gottes besteht, wird ohne Ende und ihr gemeinsames Schicksal sein." Hiermit bezog sich der heilige Augustinus auf den Schmerz der Verlorenheit, der vom heiligen Evangelisten Johannes als "der zweite Tod im Feuermeer" beschrieben wurde. Im Unterschied zum ersten und biologischen Tod, der in der Trennung der Seele vom Leib besteht, bezeichnet der zweite, der eschatologische Tod, die Trennung der Seele von ihrem Schöpfer und letzten Ziel.

Es ist das Gefühl der Verlorenheit mit ihrer Verzweiflung, das die schlimmste Strafe von allen anderen ist. Denn es ist die Bestimmung der Seele, die ewige Schönheit zu schauen und zu finden im ewigen Leben, das, wie Pascal sagt, allein den Abgrund zu füllen vermag, der im menschlichen Herzen besteht.

Aber die Hölle ist der wirkliche und endgültige Tod dieser Bestimmung. Nun haben die sündigen Seelen sich selbst von der grenzenlosen göttlichen Wahrheit, Güte, Schönheit, Liebe und dem Frieden getrennt - jenen wahren Werten, nach denen doch das menschliche Herz strebt und hungert.

Die Hölle ist dann die Stätte des zweiten Todes. Dort herrscht ewige Gottverlassenheit, denn sie ist mit jenen bevölkert, die Gott verlassen haben - Flüchtige vor der göttlichen Liebe, jenseits aller Liebe und allen Heils. Ihre Zeit der selbstgewählten Freiheit haben sie abgeschlossen, als sie dieses Leben verließen, sie sind unumkehrbar an ihre fatale Wahl gebunden, die sie im Moment ihres Todes getroffen haben.

Diese Seelen, die den Schmerz der Verlassenheit erleiden, haben sich selbst halsstarrig vom Licht des göttlichen Lebens getrennt und finden sich nun verloren in "äußerster Finsternis" (Mt. 8,12). Was die Gewissenspein, die Bitternis und die Verzweiflung betrifft, die sie erfahren mit der Erkenntnis, die ewige Gottesschau verspielt zu haben, so beschreibt sie genau das, was der Herr meinte, als er von einem Wurm sprach, der niemals stirbt (vgl. Mk. 9,48).

Der Schmerz der Sinne

In der Alptraum-Szencrie der Hölle, die von den Medjugorje Sehern bezeugt wird, beobachteten sie auch unter anderem, daß die Feuer nicht nur die sündigen Geister bestrafen, sondern sie auch einschließen und festhalten.

Diese Beobachtung stimmt mit dem überein, was der heilige Thomas und andere Theologen über den zweiten Strafcharakter der Hölle lehren - den sogenannten Schmerz der Sinne. Dieser, so meinen sie, ist nicht nur rein subjektiver oder metaphysischer Art, sondern eher ein objektives und materielles Feuer, das trotzdem von ganz anderer Art ist als irdisches Feuer, wie wir es kennen.

Eine weitere Funktion dieses Höllenfeuers, so lehren die Kirchenväter ebenfalls, ist als eine Art von Schranke oder Mauer zu verstehen, durch die die Insassen in ihrer Bewegungsfreiheit eingeschränkt sind. Mystische Schriftsteller bestätigen diese Lehre deutlich. So beschreibt z.b. der heilige Ignatius die verlorenen Seelen als umhüllt und eingeengt durch feurige Körper. Die heilige Theresia von Avila sah die Verdammten so, als ob sie eingeschlossen wären zwischen Feuerwänden.

Nach dem allgemeinen Gericht werden die Leiber der zum zweiten Tod Verdammten das Schicksal der Seele teilen und wie sie den Schmerz der Sinne für ihre begangenen Sünden erleiden.

Die Höllenstrafe ist nicht für alle gleich. Ihr Grad hängt von der Abwendung des Sünders von Gott und seiner Hinwendung zu den Geschöpfen ab. Hier sollten wir darüber nachdenken, daß die Sünde die wahre Antithese zum Hauptpunkt der Botschaft von Medjugorje darstellt, nämlich Bekehrung zu Gott und Abkehr von dem, was dies verhindert. Die Hölle aber ist die ewige Strafe und Verwerfung.

Gottesfurcht

Die Muttergottes in Medjugorje ermahnt uns in ihren Botschaften, den Heiligen Geist um die Vermehrung seiner siebenfältigen Gaben anzuflehen. Eine davon und die wichtigste in diesem Zusammenhang ist die Gabe der Gottesfurcht. Das wurde auch von der Gottesmutter den vier Sehern verdeutlicht, nachdem sie ihnen die Folgen der Verdammung gezeigt hatte. "Das ist die Strafe für jene, die Gott nicht lieben. Heute gehen viele in die Hölle!" Unser Herr sagte dies ganz deutlich: "Fürchtet den, der Leib und Seele vernichten kann!" (Mt. 10,28). Diese Warnung wurde vom Verfasser der "NACHFOLGE CHRISTI" aufgenommen, wenn er schrieb: "Es ist eine gute Sache, daß, wenn nicht die Liebe zu Gott uns von der Sünde abhält, uns wenigstens die Furcht vor der Hölle davor zurückschrecken läßt." Und daß diese Angst die Kraft hat, uns vor der Hölle zu bewahren, wurde von Pascal erkannt, als er schrieb: "Es ist die Furcht vor der Hölle, die den Himmel bevölkert." So ist es insgesamt eine wahrhaft heilsame und notwendige Unterweisung, die wir hier von der Muttergottes von Medjugorje erhalten. Karl Rahners Worte können uns helfen, das alles richtig einzuschätzen. "Der Zweck der Lehre über die Hölle," schreibt er, "ist nicht der, uns abstrakte Daten zu geben oder unsere Neugierde zu befriedigen, sondern uns zur Besinnung und zur Bekehrung zu bringen. Das Dogma über die Hölle bedeutet, daß das menschliche Leben von der Möglichkeit eines menschlichen Schiffbruchs bedroht ist, da der Mensch frei über sich verfügt und daher auch frei ist, Gott abzulehnen." Niemand wurde durch die Bedrohung ewigen Schiffbruchs demütiger als die Heiligen. "Gib mir die Gnade, o Gott," betete der heilige Thomas Morus, "das immerwährende Feuer der Hölle vor Augen zu haben und es zu bedenken!" Der heilige Franz Borgia tat das jeden Tag. Und ebenso taten dies der heilige Franz von Sales, die heilige Theresia von Avila und der heilige Pfarrer von Ars, um nur einige zu nennen.

Eine Warnung für jeden

All dies dient dazu, einen weiteren Punkt zu veranschaulichen, auf den auch in ihren Botschaften die Muttergottes in Medjugorje hinweist: Es werden diejenigen reicher mit Gottes Gaben beschenkt, seien sie natürlicher oder übernatürlicher Art, die der warnenden Ermahnungen über die Gefahr, das Seelenheil zu verlieren, am meisten bedürfen. Der heilige Bernhard von Clairvaux nahm das sehr ernst, als er seinen Mönchen in der 4. Regel empfahl, sich stets "die Scheußlichkeit der Hölle" vor Augen zu halten.

Gottesfurcht macht uns fähig, zu erkennen - wie es der heilige Apostel Paulus schreibt -, "daß es eine Barmherzigkeit Gottes gibt, aber auch eine Strenge." (Röm. 11,12).

Diese gleiche Gabe der Gottesfurcht machte ihn auch realistisch genug, die Gefahr für seine eigene Rettung zu erkennen und nicht nur seine Bekehrung zu sehen. "Ich züchtige meinen Leib," schrieb er, "und mache ihn mir zum Sklaven, sonst würde ich, der ich anderen predige, selbst als wertlos verworfen werden." (1 Kor. 9,27). So warnt uns alle auch die Mutter des Erlösers, daß der, welcher zu stehen glaubt, sich vor dem Fall hüten soll, wie es Paulus im Korintherbrief zum Ausdruck bringt. Oder mit den Worten des heiligen Bernhard: "Keine Festigkeit kann stark genug sein, wenn die Ewigkeit auf dem Spiel steht." Der heilige Pfarrer von Ars faßte all das zusammen, als er sagte: "Wer die Hölle fürchtet, wird nicht in sie stürzen."

Mirjanas Probleme

In ihrer nachdenklichen und ehrlichen Art hat die Seherin Mirjana viele Probleme angesprochen, die im Lauf der Jahrhunderte aufgetreten sind. In einem schriftlich vorliegenden Interview mit P. Svetozar Kraljevic (vom 10.1.1983) nahm sie darauf Bezug. Sie habe bei einer Erscheinung die Muttergottes gebeten, ihr einige Punkte über die Hölle zu erklären, mit denen sie Schwierigkeiten habe.

Der Text lautet: Ich fragte sie, wie Gott so unbarmherzig sein könne, Menschen in die Hölle zu werfen, wo sie für immer leiden. Wenn in unserer Welt jemand ein Verbrechen begeht und dafür ins Gefängnis kommt, bleibt er für eine Weile dort, und man vergibt ihm dann. Warum müssen die Seelen aber für immer in der Hölle bleiben? Die Gottesmutter antwortete, daß die Seelen, die in die Hölle kommen, aufhören an Gott zu denken und ihn nun immer mehr verfluchen. Sie sind schon zu einem Teil der Hölle geworden und entscheiden sich dafür, nie mehr erlöst zu werden.

Ich fragte sie dann, ob die Menschen, die in die Hölle kommen, nicht für ihre Erlösung beten würden. Könnte Gott so ungnädig sein, ihre Gebete nicht zu erhören? Die Muttergottes erklärte mir, daß die Menschen, die in der Hölle sind, überhaupt nicht beten. Statt dessen machen sie Gott für alles verantwortlich.

Schließlich werden sie eins mit der Hölle und gewöhnen sich an sie. Sie rasen gegen Gott und leiden. Aber sie weisen es immer zurück, zu Gott zu beten. In der Hölle hassen sie ihn immer mehr."

Die Ewigkeit der Hölle

Damit wird bekräftigt, was wir bereits gesehen haben. Jene, die ohne Reue sterben, besitzen nicht mehr die Freiheit, sich mit Blick auf ihr letztes Ende zu bekehren, sondern bleiben unumkehrbar und unverän-

derbar in ihrer Anti-Gott-Haltung. Mit den Worten der Muttergottes: "Sie werden eins mit der Hölle und gewöhnen sich daran." Jenseits aller Reue und allen Betens verewigen sie den Zustand der Selbstverdammung, für den sie sich frei entschieden haben, als sie die Welt verließen.
Deswegen ist die Konzilslehre der Kirche, daß das Schicksal dieser Menschen "die ewige Bestrafung und Verdammung" ist. "Wie die Dämonen, die die höllische Wohnung mit ihnen teilen, sind sie völlig vom Heiligen Geist getrennt," erklärt der heilige Basilius. Von da an gibt es keine Möglichkeit mehr, durch Gebet und Reue Gnade zu erlangen.
Wir haben also gesehen, daß in der ganzen heiligen Schrift die zukünftige Bestimmung der Menschheit untrüglich in den Bereichen des ewigen Lebens und des ewigen Verlorenseins dargestellt wird. Schon im 4. Jahrhundert wurde die Irrlehre, nach der Engel- und Menschengeister der Hölle zur Gottesfreundschaft zurückgeführt werden können, offiziell von der Kirche verworfen. Die "ewige Finsternis" der Hölle wird und kann niemals das Licht einer Morgendämmerung erblicken.

Auflistung falscher Stadtpunkte

Nichts könnte nötiger und heilsamer sein, als daß die Königin der Propheten Medjugorje benutzt, um wieder die Wirklichkeit ewiger Strafe zum Gewinn für die ungläubige und sündige Menschheit hervorzuheben.
Viele Menschen befinden sich heute in einem Zustand des Zweifels und der Verwirrung über diese umstrittene Wahrheit. Einige Theologen haben begonnen, die Hölle zu entmythologisieren, indem sie die traditionelle Lehre der Kirche als eine Lehre abtun, die des Erlösers unwürdig sei. Sie klagen weiterhin an, daß diese Lehre Gott straf- und rachsüchtig darstelle. Daraus schließen sie, man müsse das ganze Konzept als eine barbarische, mittelalterliche Phantasie verwerfen, die ihre Wurzel in einem Fundamentalismus primitivster Art habe.
Solche Aufstellungen verletzen - abgesehen davon, daß sie der unfehlbaren Lehre der Kirche widersprechen und deshalb häretisch sind - zwei grundlegende Prinzipien, durch die die wahre Erkenntnis des Geheimnisses der Hölle ergänzt werden. Das erste Prinzip ist die unendliche Heiligkeit und Gerechtigkeit Gottes, das zweite ist die beängsti-

gende Würde, Freiheit und Verantwortung, die an die menschliche Person geknüpft ist.

Zwei Prinzipien

Erinnern wir uns daran, daß der Schwerpunkt der Sünde in der Beleidigung Gottes besteht. Wenn wir darüber nachdenken, wie uns der heilige Ignatius ermahnt, "wer Gott ist, gegen den wir sündigen", dann gewinnen wir einen Einblick in das schreckliche Verbrechen der Sünde. Denn Gott ist unser Herr und Schöpfer, grenzenlos in seiner Allmacht, in seiner Gerechtigkeit und Weisheit. Daher richten sich freiwillige schwere Beleidigungen des heiligen und gerechten Gottes - wie der heilige Thomas von Aquin lehrt - gegen Gottes Grenzenlosigkeit und verdienen deshalb grenzenlose und ewige Bestrafung.

Gleichermaßen ist es die ungeheure Würde und Verantwortung des Menschen, die ein helles Licht auf das Verständnis der Hölle zu werfen vermag. Würde und Verantwortlichkeit gehören ohne Ausnahme zu jedem menschlichen Wesen. Diese Wahrheit leuchtet mit großer Macht und Klarheit aus der feierlichen Erklärung unseres Herrn und Heilandes: "Was nützt es dem Menschen, wenn er die ganze Welt gewinnt, aber an seiner Seele Schaden leidet?" (Mk. 8,36). Mit anderen Worten: Unser einziger Wert und unsere einzige Bedeutung als Menschen besteht darin - wenn wir mit Vernunft und Demut darüber nachdenken -, daß wir uns zu entscheiden haben für ein Schicksal: Rettung oder Verdammung. Das wird dann für alle Ewigkeit unser Los sein.

Das erklärt auch, warum Vicka aufgrund der Belehrung durch die Gottesmutter über die Sünder, die nicht bereut haben und die jetzt in der Hölle sind, sagen konnte: "Es ist ihre eigene Schuld. Die Entscheidung haben sie selbst getroffen.

Gott liebt jeden, sie aber entschieden sich für die Hölle." Ein ähnliches Zeugnis gab Marija: "Jeder, der in die Hölle geht," sagte sie, "tut dies, weil er sich dafür selbst entschieden hat."

Jede Seele ist großartig

"Das menschliche Leben," sagt Chesterton, "ist mit erhabener Würde ausgestattet. Ich sage euch: Jede Seele ist kostbar." Was unsere Kostbarkeit ausmacht, ist präzise das, was wir gerade behandeln: Wir sind denkende Wesen, frei im Tun, mit der Fähigkeit zu individueller

Selbstbestimmung. In einem Wort: Wir sind lebendige Ebenbilder Gottes.
In unserem Leben treffen wir Entscheidungen zwischen Gut und böse. Die endgültige Entscheidung, die wir am Ende unseres Lebens treffen, ist so gewaltig, denn sie bestimmt, welche der beiden Ewigkeiten - Himmel oder Hölle - unsere endgültige Wohnung sein wird. Um die Worte des heiligen Franz von Sales noch einmal zu zitieren: "Wir wandern in dieser Welt zwischen Paradies und Hölle, und unser letzter Schritt wird uns in unsere immerwährende Wohnung bringen." Deswegen ist unser Leben wahrhaftig "mit einem gewaltigen Maß gemessen und jede Seele ist kostbar." Daher sind wir auch mit der ungeheuren Macht und Verantwortung ausgestattet, uns nämlich für Gott und sein Himmelreich oder aber gegen ihn zu entscheiden - und das ist die Hölle! Dieser wichtige Augenblick der Wahrheit und der Entscheidung trifft jeden, wenn der Tod ihn an den Scheideweg von Zeit und Ewigkeit bringt. Der heilige Bernhard war ganz sicher, daß wir die Herren unseres eigenen Geschickes sind. "Nimm den eigenen Willen weg," sagte er, "und es würde keine Hölle geben." Oder wie es der heilige Augustinus ausdrückte: "Gott erlaubt dem Sünder, seinen eigenen Weg zu gehen." Die gleiche einfache Wahrheit liegt auch in den Worten des heiligen Ambrosius, der sagt: "Jene, die verlorengehen, tun dies durch eigenes Versagen."

Aufrechterhaltende Wahrheit
Nicht aus Sentimentalität noch aus Gründen falscher Menschlichkeit darf man das Dogma über die ewige Verdammung verwässern und noch weniger leugnen. Wenn wir es aber annehmen, werden wir Gott dadurch nicht zum grausamen Tyrannen machen, vielmehr ehren wir seine Heiligkeit und Gerechtigkeit. Demzufolge wollen wir der kristallklaren Lehre seines Evangeliums folgen.
In der Befolgung dieses Dogmas respektieren wir - wie Gott es tut - unser edles Vorrecht der persönlichen Freiheit, in dem die Freiheit eingeschlossen ist, uns selbst für eine der beiden Ewigkeiten zu entscheiden.
All dies kommt klar und deutlich in Medjugorje zum Ausdruck. Die Mutter Gottes sieht, wie dringend dies von der heutigen Kirche und Welt benötigt wird. Sie sieht außerdem sehr klar die Wahrheit des

alten Sprichwortes: "Religionen sterben wie die Bienen, wenn man ihnen den Stachel nimmt."

Abschließendes Gebet zur Gottesmutter

Wir danken dir, o Königin der Propheten, daß du uns auf das Geheimnis der Hölle aufmerksam gemacht hast. Hilf uns, tiefer zu begreifen, daß wir alle Sünden meiden sollen, um schließlich in die Herrlichkeit des Himmels zu gelangen.

Erwirke uns, du Braut des Heiligen Geistes, ein Wachsen in seiner wunderbaren Gabe der Gottesfurcht. Mögen wir den fürchten, der mit dem Leib auch die Seele in das Verderben der Hölle stürzen kann. Und durch diese kindliche Furcht mögen wir zu der Weisheit und Liebe geführt werden, die von Gott ausströmt.

Mutter des gekreuzigten Jesus, erleuchte uns, wie du es bei den Sehern von Medjugorje tust, damit wir ehrfürchtig schätzen, daß der Herr sein Leiden auf sich genommen hat, um uns von der Sünde in dieser Welt zu erlösen und von der ewigen Verdammung in der nächsten.

Erfülle uns, Gospa von Medjugorje, Königin der Apostel, mit einem brennenden Eifer für die Seelen! Mögen wir Werkzeuge sein, um vielen Menschen durch Gebet und Opfer zu helfen, damit sie das ewige Leben erlangen.

11. VORHOF DES HIMMELS

"Weil ihr ein so glorreiches Ziel vor euch habt, werde ich euch immer daran erinnern." (2 Petr. 1,12). Diese Worte fügen sich passend in eines der Hauptanliegen der Königin des Himmels in Medjugorje. Sie betont die Wirklichkeit des Himmels und seine übergroße Heilsbedeutung als unsere ewige Bestimmung. Dorthin will sie uns zugleich mit großer Liebe und Sorgfalt geleiten.
Darüber müssen wir nicht erstaunt sein. So wie unser ewiges Heil "das Ziel und die Sorge der Propheten" war (1 Petr. 1,5), so ist es nicht weniger die Sorge der Königin der Propheten.
Gerade in ihrer Rolle als Königin der Propheten lenkt auch sie unseren Blick zu dieser ewigen Stadt, deren besonderer Name "Schau des Friedens" bedeutet - das neue Jerusalem, die Stadt Gottes.
Mehr noch: Als liebevolle Mutter begleitet sie uns und führt uns sicher auf unserer Pilgerschaft des Lebens. Ihre Botschaft vom 25. März 1991 sagt all das und noch mehr: "Ich bin immer an eurer Seite, liebe Kinder, um für Hilfe und Führung auf eurem Weg zum Himmel zu sorgen. Dort werdet ihr die Freude finden, durch die ihr schon jetzt in dieser Welt das Leben des Himmels leben könnt."

Botschaft vom Himmel

Jetzt werden wir eine andere Auswahl der Botschaften Mariens über den Himmel betrachten. Zuvor wollen wir aber feststellen, daß die wichtigste und bedeutendste Botschaft Medjugorjes die Verkünderin selbst ist. Indem sie uns Weisheit und Rat vom Himmel bringt, verkörpert sie buchstäblich die Wirklichkeit des Himmels und stellt sie mitten unter uns.
Daher wird Mariens verklärte Menschheit zum Zeugnis für die großartige Erfahrung der seligen Anschauung Gottes. Und diese verklärte Menschheit kommt in der Schönheit und der ewigen Jugend ihres erhabenen Lebens zum Ausdruck.
Von den Sehern wird sie deswegen auch als wunderschönes Mädchen beschrieben, 17 bis 18 Jahre alt, weit entfernt von den etwa 70 Jahren, welche die Gottesmutter vermutlich alt wurde; wir stützen uns bei die-

ser Einschätzung auf die östliche und westliche Literatur, nach der Maria noch 20 oder 30 Jahre nach der Auferstehung ihres Sohnes lebte, ehe sie das Ende ihres irdischen Lebens erreichte.

Die Welt der Engel ist eine andere himmlische Realität, auf die wir von der Madonna von Medjugorje hingewiesen werden. Sie erscheint oft in Begleitung von Engeln, die ja die ersten Himmelsbewohner sind und die sie als ihre Königin verehren.

Botschaften über den Himmel

Hier sind einige ausgewählte Botschaften von der Königin des Himmels über das, was ganz eindeutig eines ihrer Lieblingsthemen ist: .

* "Liebe Kinder, ich bin eure Mutter, und deswegen wünsche ich, jeden einzelnen von euch zu vollkommener Heiligkeit zu führen. Daher möchte ich auch, daß ihr hier auf Erden glücklich seid und dementsprechend auch mit mir im Himmel leben werdet. Dies ist nicht nur mein Wunsch, sondern der ganze Zweck meines Kommens nach Medjugorje." (25.5.1987).

* "Liebe Kinder, ich liebe euch mit besonderer Liebe und wünsche, euch alle zu Gott in den Himmel zu führen. Ich möchte, daß ihr erkennt, daß dieses Leben nur von kurzer Dauer ist im Vergleich zum ewigen Leben im Himmel. So vertraut euch heute erneut Gott an! Nur auf diese Weise kann ich euch begreiflich machen, wie sehr ich euch liebe und wie sehr ich wünsche, daß ihr alle gerettet und mit mir im Himmel sein werdet." (27.11.1986).

* "Vergeßt nie, liebe Kinder, daß euer Leben vergänglich ist wie eine Frühlingsblüte! Euer Zeugnis wird Wert haben nicht nur für euer gegenwärtiges Leben, sondern für die ganze Ewigkeit." (25.3.1988).

* "Es ist meine Sehnsucht, liebe Kinder, daß jeder von euch, der in der Nähe dieser Quelle der Gnade, die Medjugorje ist, war, den Himmel erreicht durch das Geschenk, das ihr mir geben sollt, nämlich eure Heiligkeit. Daher betet und lenkt eure Leben in die Richtung der Heiligkeit!" (13.11.986).

* "Bitte, arbeitet mit mir zusammen, damit ich euch Gott anbieten und euch auf den Pfad der Heiligkeit führen kann!" (25.6.1987).

* "Schenkt nicht unbedeutenden Dingen eure Aufmerksamkeit, sondern denkt an den Himmel als euer Ziel!" (25.7.1987).

* "Ihr wißt, liebe Kinder, daß ich euch liebe und daß ich aus Liebe zu euch gekommen bin, damit ich euch den Weg zum Frieden und zur Erlösung eurer Seelen zeigen kann. Legt durch euer Leben Zeugnis ab! Opfert es auf für die Rettung der Welt!.... Im Himmel werdet ihr den Lohn des Vaters erhalten." (25.2.1988).

* "Für mich selbst wünsche ich nichts. Alles soll für die Rettung der Seelen geschehen." (25.10.1988).

Der den Sehern gezeigte Himmel

Am Fest Allerheiligen im Jahre 1981 wurde allen Sehern (außer Ivan) von der Muttergottes ein Blick in den Himmel gewährt. Und Vicka, die davon in ihrem Tagebuch berichtet, erklärte, daß sie "eine Landschaft von erhabenem Licht und großer Glückseligkeit, unbeschreiblich schön, voller Engel und menschlicher Wesen" gefunden hätten. Ivanka erkannte unter den Menschenscharen ihre Mutter und eine andere Frau, die sie gekannt hatte.

14 Tage später wurden Vicka und Jakob von der Muttergottes dazu ausersehen, eine erweiterte Schau des Himmels zu erleben. "Wir verbrachten dort etwa 20 Minuten," berichtet Vicka. "Der Himmel ist ein unermeßlicher Raum, und alles ist in wunderbares Licht getaucht. Die Menschenwesen, die man dort sieht, die Engel, die Blumen - alles ist von wunderbarem Frieden erfüllt. An ihren Gesichtern kann man erkennen, daß die Menschen dort sehr glücklich sind. Die Muttergottes sagte zu uns: 'Seht, wie glücklich, wie voller Freude jeder im Himmel ist!'" Aus verschiedenen Interviews (am bemerkenswertesten ist das von Jan Connell "Königin des Kosmos") erfahren wir etwas über die Eindrücke, welche die anderen Seher durch ihre Himmelsvision gewannen. Diese Eindrücke müssen natürlich im Licht der Richtlinien gelesen werden, die im Eingangskapitel dargestellt sind.

"Ich sah den Himmel," erzählt Ivanka, "wie ein Bild. Er ist sehr, sehr schön. Jeder, den ich sah, war von Glückseligkeit erfüllt. Ich kann es weder erklären noch aber auch vergessen.

Ich selbst erlebe einen Teil von diesem Glück, wenn ich bei der Gospa bin - und wenn ich bete." Mirjana gab folgenden Bericht über ihre Erfahrung: "Ich sah den Himmel wie in einem Film. Ja, er ist eine aktuelle Realität. Aber die Bäume, die Wiesen, das Firmament sind ganz anders als das, was wir auf der Erde sehen. Das Licht ist viel intensiver. Der Himmel ist schöner als irgend etwas, was ich auf der Erde kenne. Das erste, was ich bemerkte, waren die Gesichter der Menschen. Sie strahlten eine Art inneren Lichtes aus, das ihre unbeschreibliche Glückseligkeit erkennen ließ. Die Menschen wandelten in einem wunderschönen Park. Sie haben im Himmel alles. Sie brauchen nichts und wünschen nichts. Sie sind vollkommen zufrieden." Marija erzählt folgendermaßen: "Ich hatte eine Vision des Himmels. Es war, wie wenn man einen Film sieht oder aus einem Fenster schaut. Ich sah unzählige Menschen und viele Blumen. Die Menschen waren voller Freude; alle priesen unaufhörlich Gott für seine Gnaden. Sie erkannten, wie sehr Gott sie liebt." Ivan beschränkte sich darauf, statt eines Berichts nur einen Gedanken über seine Erfahrung zu äußern. "Der Himmel ist eine Reise wert," sagte er. "Jesus zeigte uns dies durch seinen Tod am Kreuz. Die Menschen im Himmel sind glücklich. Sie leben in der ganzen Fülle Gottes."

Medjugorje spiegelt den Himmel wider

Was die Seher über den Himmel erfuhren, überwältigte sie durch sein Glück, die Heiligkeit, den Frieden, durch die Lebensfülle und seine Schönheit. Gesund und objektiv, wie ihr Zeugnis ist, enthält es dennoch nichts über eine relative oder symbolhafte Idee der Himmelswirklichkeit. Wir wollen darüber an dieser Stelle kurz nachdenken. Zunächst wollen wir uns die Tatsache vor Augen führen, daß Medjugorje, die Quelle all dieser vielen Gnaden, unzählige Pilger wie ein wahrer Vorhof des Himmels beeindruckt. Dort wird ihnen ein kurzer Blick in die ewige Heimat gewährt, so einzigartig ist die Atmosphäre des Friedens, des Gebets, der Heiligkeit und der Freude. In der Tat würden sie von Medjugorje sagen, was die heilige Bernadette von ihrem geliebten Lourdes sagte: "Es ist mein Himmel auf Erden." Das erklärt auch, warum die Pilger sich traurig fühlen, wenn sie Medjugorje wieder verlassen. Sie denken mit Wehmut daran zurück, was einer "Sehnsucht nach daheim" gleichkommt. Denn Medjugorje ist ihre geistige und geistliche Heimat geworden, ihr Himmel auf Erden. Durch die Ereignisse dort wurde ihr Glaube, ihre Hoffnung und ihre Liebe wie niemals zuvor konzentriert auf die glorreiche Stadt Gottes, zu der Maria uns einladend ruft, indem sie uns, ihre Kinder, als eine liebende Mutter zu unserer ewigen Heimat führen will.

Jeder ist ein Pilger
Durch Medjugorje im allgemeinen und durch die Pilger dort im besonderen erinnert die Königin des Himmels diese erdgebundene Menschheit und jeden einzelnen Menschen ohne Ausnahme daran, daß das Leben eine Pilgerschaft durch die Zeit ist, hin zur Ewigkeit. In dieser Welt sind wir alle "Pilger und Fremde" (1 Petr. 2,11). Unsere menschliche Situation ist so, daß wir "eine ewige Wohnstatt haben, aber nicht hier. Unser Ziel ist die Stadt, die einmal kommen wird." (Hebr. 13,14). Mit anderen Worten: Gott hat uns so geschaffen, daß der Himmel die eigentliche Heimat unseres Herzens ist. Denn der Himmel bedeutet den vollen Besitz und die volle Glückseligkeit Gottes, der in sich selbst unendliche Wahrheit und Schönheit ist - diese wirklichen Dinge, nach denen unser Herz hungert, die es aber niemals vollkommen erreichen kann, schon gar nicht in dieser unbeständigen Welt.

"Ich fühle in meinem Herzen," schreibt die heilige Theresia von Lisieux, "Sehnsüchte, die grenzenlos sind." Ähnlich erklärte der heilige Augustinus, daß das menschliche Herz so beschaffen ist, daß es rastlos sucht und nur in Gott zur Ruhe kommen kann, der unendlichen und liebevollen Quelle aller Vollkommenheit.

Jeder Mensch, auch wenn er es kaum erkennt, ist ein Pilger auf der Suche nach dem Absoluten. Deswegen ist das menschliche Herz auf der Wanderschaft zu dem, der allein seinen Durst nach einer vollkommenen und niemals endenden Wahrheit, Güte und Schönheit löschen kann.

Inzwischen steht das menschliche Herz natürlich unter dem Druck falscher Götter, verbotene Wege zu gehen, die im letzten zur Verzweiflung und in den Ruin führen. In diesem tragischen Fall endet der Pilger als Vagabund, für immer ausgeschlossen vom Land seiner Sehnsucht.

Chaucers Vers kann als Warnung und Ermutigung zugleich dienen:
"Hier ist keine Heimat, hier ist nur Wildnis.
Mut, Pilger, Mut und Kraft!
Auf, Lasttier, hinaus aus deinem Stall!
Suche dein Land! Blick auf! Danke Gott für alles!

Was der Himmel wirklich ist
Chesterton bemerkte einmal bildhaft-spielerisch, daß es wichtiger sei, den Kopf im Himmel als den Himmel im Kopf zu haben. Das ist natürlich ganz richtig. Gleichzeitig jedoch begründet der Glaube ein inneres klares Verständnis für das, was wir im Glaubensbekenntnis aussagen. Und in dieser Richtung werden wir ja ermutigt durch die besondere Hochschätzung der Muttergottes zum Glaubensbekenntnis als ihrem "Lieblingsgebet".
Was sagt das Glaubensbekenntnis selbst über den Himmel aus? Die Antwort findet sich in seinen beiden abschließenden Artikeln: "Ich glaube an die Auferstehung der Toten und das ewige Leben." Diese ebenso schlichte wie genaue Formulierung bringt uns den Kommentar Newmans ins Gedächtnis: "Weder die heilige Schrift noch die Theologie können genügend Licht für ein präzises Bild des Lebens nach dem Tode erzeugen." In der Tat bestätigt die heilige Schrift in einem wohlbekannten Text die Unmöglichkeit, das Leben nach dem Tod zu beschreiben. "Kein Auge hat es gesehen, kein Ohr hat es gehört, in keines Menschen Herz ist es gedrungen, was Gott denen bereitet hat, die ihn lieben." (1 Kor. 2,9; vgl. Jes. 64,4).
Hoffnungslos unzulänglich ist auch das Zeugnis der Seher von Medjugorje wie auch anderer, die einmal eine mystische Vision des Himmels hatten. Der Grund ist, daß die zentrale Wirklichkeit des Himmels etwas ist, was außerhalb der Welt und jeder sinnlichen Erfahrung liegt. Wir nennen das "die beseligende Anschauung Gottes". Unsere verklärten Sinne jedoch, eingehüllt in ein besonderes Licht der Gnade, werden Gott tatsächlich schauen, wie er ist, die unendliche, vollkommene Dreifaltigkeit Gottes - von Angesicht zu Angesicht (vgl. Joh. 3,2; 1 Kor. 13, 12).
Aus dieser intuitiven Erkenntnis Gottes strömt eine ungeheure Freude und Glückseligkeit. Dazu gibt es die sogenannte "begleitende Glückseligkeit". Sie kommt von den anderen himmlischen Freuden, die uns

neben Gott gehören werden. Darin ist eingeschlossen die gegenseitige Liebe des auferstandenen Christus, der Königin des Himmels, der Engel und Heiligen, wie auch das Erkennen der Wunder alles Geschaffenen.

Unser Herr bezog sich, als er von den vielen Wohnungen im Haus seines Vaters sprach, auf die Unterschiedlichkeit der himmlischen Belohnung, die den Seligen entsprechend ihren Verdiensten zuteil wird. Jeder wird Gott schauen, ihn besitzen und bei ihm selig sein gemäß seinen heilswirksamen guten Werken. Der heilige Augustinus gibt in diesem Zusammenhang einen nützlichen Vergleich. "Betrachte," so sagt er, "eine Reihe von Gefäßen, einen Fingerhut, einen Becher, einen Krug, ein Faß, ein Becken, einen See, einen Ozean! Jedes dieser Gefäße hat sein Maximum erreicht, wenn es bis zum Rand gefüllt ist."

Abenteuer der Grenzenlosigkeit

Der Himmel wird ein aufregendes, nie endendes Abenteuer für unseren Geist und unser Herz in den unerforschlichen Geheimnissen Gottes sein. In der Erkenntnis Gottes besteht das Wesen des ewigen Lebens (vgl. Joh. 17,3). Aber wir werden ihn niemals ganz vollkommen und erschöpfend erkennen. Das ist es, was wir unter göttlicher Unverfügbarkeit verstehen.

Gott, der doch in allem zu erkennen ist, kann jedoch selbst niemals völlig vom geschaffenen Verstand erkannt werden, auch nicht vom Erhabensten der Engel. Das bedeutet letztlich, daß es im Himmel niemals Schalheit, Monotonie, Müdigkeit oder Langeweile geben kann. Niemals werden wir uns geneigt fühlen, Gott beiseite zu legen wie die gestrige Zeitung oder ein gelöstes Kreuzworträtsel.

Im Gegenteil, unser Verstand wird machtvoll vom Licht der Glorie erhellt, was uns ein unerläßliches Mittel zur Erkenntnis im Himmel ist, und so werden wir immer tiefer in die Geheimnisse des Lebens Gottes eindringen. In der Tat ist die Offenbarung jener Geheimnisse so unermeßlich reich und endlos, daß ein großer christlicher Theologe, Origenes, die Himmelserfahrung als "ein ewiges Evangelium" bezeichnet hat. Sie läuft auf eine unaufhörliche Entdeckung weiterer Wahrheiten, größerer Tiefen und unerträumter Einblicke hinaus, wenn unser verklärtes Wesen sein aufregendes Abenteuer beim Gott der Überraschungen erlebt.

Es ist tröstlich zu bedenken, daß die Königin des Himmels, die die selige Anschauung Gottes seit nunmehr fast 20 Jahrhunderten in irdischen Begriffen den Menschen nahebringt, ganz sicher in dieser Zeit unzählige Schätze aus der Unermeßlichkeit des "ewigen Evangeliums" für uns gewonnen hat. Diese gehören zu den Wahrheiten, die sie in ihrem unbefleckten Herzen sammelt und erwägt (vgl. Lk. 2,17).

Das Leben im Himmel

Eine ganz wesentliche Freude hat Gott uns geschenkt durch die Gemeinschaft mit der Königin des Himmels, seiner und unserer Mutter. Das gleiche gilt auch für die Engel, besonders für unseren Schutzengel und für alle Heiligen, in erster Linie für unseren Namenspatron. Außerdem werden wir im Himmel mit all unseren lieben Verstorbenen zusammensein. In der Trauer um sie sagen wir mit Tennyson: "O, um die Berührung einer verschwundenen Hand und um den Klang einer Stimme, die ewig stumm bleibt!" Aber Gott sei Dank steht uns die Wiedervereinigung im Himmel bevor, wo wir ein nie endendes Wiedersehen feiern. Dort werden wir auch allen Krankheiten und Sorgen Lebewohl sagen, aller Not und allem Leid, allem Elend und allem Kummer. In den Worten des erwählten Apostels, dem während seines Aufenthaltes in Patmos ein Blick ins Paradies gewährt wurde, heißt das: "Gott wird alle Tränen trocknen, und es wird weder Tod noch Trauer, weder Schmerz noch Not sein; denn alle diese Dinge sind vergangen." Auch die Zeit, mit der wir doch alle so vertraut sind, wird vorüber sein. Im Reich Gottes werden wir seine ewige Dauer teilen. Deshalb werden wir nicht mehr länger an so traurige und leblose Dinge wie Glocken oder Kalender gebunden sein und nicht mehr abhängen vom Wechsel, vom Verfall, von Alter, Schwachheit, Tod und Grab.

Die in den Himmel aufgenommene Muttergottes

"Die Auferstehung der Toten und das ewige Leben" - die Formel des Glaubensbekenntnisses, die sich auf unseren himmlischen, zukünftigen Status bezieht, ist schon verkörpert in der Person der Unbefleckten Jungfrau Maria. Im Dogma von ihrer leiblichen Aufnahme in den Himmel heißt es: "Maria wurde mit Leib und Seele in den Himmel aufgenommen, um Anfang und Vorbild der Kirche in ihrer Vollkommenheit zu sein und ein Zeichen der Hoffnung und des Segens für das

Volk Gottes auf seiner Pilgerschaft." Die Seher von Medjugorje bezeugen die herrliche und jugendliche Erscheinung der Königin des Friedens. Damit zeigt sie aber, daß ihre eigene erhöhte Menschheit ein "Prototyp", ein Beispiel für das ist, was aus uns selbst werden wird, wenn wir am Jüngsten Tag auferstehen.

So gibt die Mutter des Erlösers durch ihr gegenwärtiges Erscheinen in Medjugorje, ganz abgesehen von den Botschaften, der Welt ein leuchtendes Zeichen des Glaubens an die Auferstehung der Toten und eine mächtige Hilfe für unsere Hoffnung, dies am Tag der Tage zu erreichen.

Unsere leibliche Auferstehung

Diese Glaubenswahrheit hat eine tiefe Wurzel in der heiligen Schrift, besonders beim Apostel Paulus. "Christus," sagt er, "wird unseren schwachen Leib erneuern und ihn seinem verklärten Leibe ähnlich machen." (Phil. 3,20). In einem anderen Schlüsseltext bekräftigt er, daß der "erdgeborene Mensch" in einen "himmelsgeborenen Menschen" umgewandelt wird, wenn seine sterbliche Natur in Unsterblichkeit und unvergängliches Leben übergehen wird." (1 Kor. 15,48.52.53).

Das bedeutet, daß unser irdischer Leib erneuert und vollkommen umgewandelt wird nach dem Muster des auferstandenen Herrn. Wie er werden wir dann völlige Reinheit besitzen und frei sein von aller Mißbildung und allen Fehlern. Der heilige Thomas lehrt: "Der Mensch wird auferstehen in der größtmöglichen natürlichen Vollkommenheit." Der heilige Thomas zieht daraus auch den Schluß, daß Gott unser auferstandenes Wesen mit Jugend ausstatten wird, mit Jugend in ihrer schönsten Blüte (um eine freie Übersetzung der originalen Aussage des Engel-Gelehrten zu geben: PERFECTA AETAS JUVENILIS). Deutlich leuchten diese Eigenschaften aus der Menschlichkeit der Muttergottes und ihres göttlichen Sohnes hervor, wie es von allen auserwählten Sehern reichlich beglaubigt wird, einschließlich derer von Medjugorje. Genau die gleichen Eigenschaften werden bei allen in ihrer Menschlichkeit sichtbar, "die für würdig befunden sind, die andere Welt zu gewinnen und die Auferstehung von den Toten." (Lk. 20.35). Deswegen hat es keinerlei Bedeutung, wie sehr Krankheit, Tod und seine Folgen unseren Leib entstellt und vernichtet haben. Er wird von Gott am Tage der allgemeinen Auferstehung in einen himmlischen Zustand erhoben werden. Und Gott wird uns neben vielen anderen Gaben das goldene Geschenk ewiger Jugend in seinem künftigen Himmelreich verleihen.

Von der Eucharistie und von Rosen

Die Hoffnung auf die Auferstehung der Toten ist so stark mit dem christlichen Glauben verknüpft, daß unser Herr sie eng in das Geheimnis der Eucharistie eingebunden hat. Und weil diese Geheimnisse ihm wahrlich am Herzen liegen, treibt uns Medjugorje an, uns umso eifriger für den Tag zu bereiten, an dem unsere Leiber in Lebendigkeit blühen und beflügelt werden durch die Auferstehung der Toten.

Die Worte Christi sind so klar, wie sie nur sein können. "Ich selbst," sagte er, "bin das lebendige Brot, das vom Himmel herabgekommen ist. Wer von diesem Brot ißt, wird in Ewigkeit leben.... Wer mein Fleisch ißt und mein Blut trinkt, wird ewig leben, und ich werde ihn auferwecken am Jüngsten Tag." (Joh. 6,51.55).

Die Verbindung der Eucharistie mit der leiblichen Auferstehung wird von der Kirche allgemein in der Liturgie verdeutlicht. Im eucharistischen Hymnus, dem SACRUM CONVIVIUM z.b. bekennt sie den Glauben, daß der Leib Christi das "Unterpfand unserer eigenen kommenden Verherrlichung" ist.

Ja, dieser Christus wird unseren schwachen Leib erneuern, neu gestalten in der Form von "Himmelsgeborenen", die "in Unsterblichkeit und unvergängliches Leben gekleidet werden." (Phil. 3,20; 1 Kor. 15,53).

Das alles spricht klar die Verwandlung, die Verklärung und die Klarheit der neuen Ordnung unserer Existenz und Himmelserfahrung aus.

Dante hatte einen lebhaften Sinn für dieses tröstliche Geheimnis. In der Zeit seiner Sterblichkeit, sagt er, gleicht der Mensch einer Raupe. Im Grabe schlüpft er aus seinem Puppenkokon aus; dann - auf wunderbare Weise - entfaltet er sich bei seiner Auferstehung zu einem engelgleichen Schmetterling.

Auch Chesterton erkannte das wunderbare Schicksal, das uns Jesus Christus durch seinen Tod und seine Auferstehung bereitet hat. "Wenn schon Samen in der dunklen Erde zu so wunderschönen Rosen wachsen können," schrieb er, "was wird dann erst mit dem menschlichen Herzen geschehen auf seiner langen Reise zu den Sternen?"

Gottes zukünftige neue Welt

Der heilige Petrus sagt, daß, wenn die gegenwärtige Welt durch Feuer zerstört sein wird, sie dann ersetzt wird durch "einen neuen Himmel und eine neue Erde" (2 Petr. 3,13). Das wird angekündigt durch das, was in der heiligen Schrift verschiedentlich als "Wiederherstellung der Welt" (Mt. 19,28), als "Erneuerung der Dinge" (Apg. 3,21) oder als das Freiwerden der geschaffenen Natur von "der Tyrannei der Versklavung zur glorreichen Freiheit der Kinder Gottes" bezeichnet wird (Röm 8, 21). Wenn Gott also den neuen Himmel und die neue Erde erschaffen und den ganzen Kosmos mit dem Licht seiner Allgegenwart erfüllen wird, dann wird diese gegenwärtige Ordnung, diese arme irdische Welt zu einer neuen Schöpfung werden. Und wenn unser Kosmos neu geordnet worden ist, wird alles Geschaffene, das "voller Erwartung ist, solange es noch in der Zeit der Leiden steht," endlich "die herrliche Freiheit der Kinder Gottes teilen" und aufsteigen zu einer höheren, wahrhaft himmlischen Beschaffenheit (Röm 8,19-22).

Das bedeutet letztendlich: Das verklärte Universum wird mit paradiesischem Glanze bekleidet sein. Sein ganzer Zweck und seine Funktion wird darin bestehen, daß für alle Ewigkeit dem fleischgewordenen Wort Gottes und seinen Brüdern und Schwestern eine Wohnung bereitet ist.

Dieses fleischgewordene Wort ist er, der Architekt und Erbauer der neuen, künftigen Welt, unseres wahren und ewigen Vaterlandes. Die geschickten Hände des göttlichen Künstlers werden es zu einem Meisterstück werden lassen, von dem der heilige Apostel Petrus schreibt: "Wir werden ein Erbe antreten, das unvergänglich, unverletzlich und unzerstörbar ist. Es steht für euch im Himmel bereit. [...] Wie unaussprechlich wird eure Freude sein und wie erhaben, wenn ihr die Früchte eures Glaubens erntet!" (1 Petr. 1,4.8.9).

Schatzkammer ewiger Freude

Wir können nun klar erkennen, warum die Muttergottes in Medjugorje den Himmel so besonders in den Mittelpunkt ihrer Lehre stellt und deshalb sagt: "Liebe Kinder, ich wünsche, daß jeder von euch hier auf Erden glücklich ist und dementsprechend mit mir im Himmel sein wird. Das ist nicht nur mein Wunsch, sondern der ganze Zweck meines Kommens hier nach Medjugorje."(25.5.1987).

Denn der Himmel ist unsere wahre Bestimmung. Um jeden Preis müssen wir diese "Schatzkammer der ewigen Freude" gewinnen, wie Shakespeare es nennt. Der Himmel ist mehr als das von Gott bestimmte Ende unseres Lebenslaufs, er markiert den Beginn eines endlosen, wunderbaren Abenteuers in Gottes unendlicher Wahrheit, Güte und Schönheit. Deshalb müssen wir es uns zur gewissenhaften Aufgabe machen, uns das ewige Leben zu verdienen (vgl. 1 Tim. 6,12). Gold wert ist deshalb der Hinweis Brownings: "Was immer einer verliert - ich kann nur sagen: Glückselig sind jene, die den Himmel gewinnen!" Schließlich mögen uns zwei Betrachtungen helfen, zu sehen, warum der Himmel so unbeschreiblich wunderbar ist. Die erste liefert der heilige Bernhard: "Wenn schon dieses Land unserer Verbannung, dieser Ort unserer Prüfungen so ausgezeichnet ist, wie muß dann erst die Schönheit und die Glorie unserer wahren Heimat sein!" Der heilige Augustinus bringt es auf denselben Punkt: "Wenn dieses Tal der Tränen und dieses gefängnisähnliche Exil so voll von Glück und Schönheit ist," gibt er zu bedenken, "so muß die Wohnung, in der wir endlose Jahre mit Gott verbringen, unendlich schöner sein." Die zweite Betrachtung geht aus dem bitteren Leiden hervor, das unser Herr auf sich genommen hat. Es war das Erlösungsleiden, d.h. der Preis, den der Heiland zahlte, um uns von der ewigen Verdammnis zu erlösen und das Paradies für uns zu gewinnen. Dieser furchtbare Preis sagt ja selbst aus, welch ungeheuren Wert das fleischgewordene Wort Gottes auf den Gewinn des Paradieses legt.

Abschließendes Gebet zur Gottesmutter

O glorreiche Muttergottes, Königin des Himmels, wir danken dir für die Gnade, die du uns in Medjugorje erwirkst, den Himmel als unser wahres Zuhause anzusehen und sehnsüchtig nach ihm zu streben. Hilf uns, gläubig und offen zu sein und deiner sicheren Führung durch diese Welt zu folgen zur Schönheit der Stadt Gottes. Das ist deine Medjugorje-Botschaft.
Erfülle uns immer mehr mit dem Geist des Gebetes, des Gebetes aus dem Herzen, des Rosenkranzgebetes, des Gebetes, das reiche Kraft und Gnade aus dem eucharistischen Geheimnis gewinnt.

Gnadenreiche Königin der Engel, bitte für uns, daß wir Pilger auf unserem Weg zur ewigen Schönheit uns willig der Führung und Begleitung jener seligen Geister anvertrauen, die stets das Angesicht unseres himmlischen Vaters schauen, und denen er in seiner gütigen Vorsehung aufgetragen hat, uns auf allen Wegen zu begleiten.

O Königin der Heiligen, wir sehnen uns danach, die selige Anschauung Gottes mit dir und der Gemeinschaft aller Heiligen zu genießen, besonders jener, die uns auf Erden lieb und nahe waren. Durch deine und ihre Fürbitte, liebevolle Mutter, mögen wir sicher unsere wahre Heimat in der Stadt Gottes erreichen, das neue Medjugorje, das zwischen den Bergen liegt, den Bergen des Himmels, den Bergen der Heimat. Amen.

ANHANG

Anleitung zur Gewinnung von Ablässen

Wie wir gesehen haben, ist der Ablaß ein Nachlaß göttlicher Strafen für Sünden, die ja bereits vergeben worden sind. Während ein Teilablaß diese Strafen nur teilweise nachläßt (daher der Name), erläßt ein vollkommener Ablaß alle Sündenstrafen.
Alle Ablässe sollten den Armen Seelen zugedacht sein.
Die folgenden Bedingungen wurden dem offiziellen kirchlichen Ablaßdekret entnommen (Januar 1969).

1. Teilablässe .

* Die Kirche unterteilt sie nicht mehr -wie sie es früher tat- auf bestimmte Tage, Wochen, Monate oder Jahre.

* Ein Teilablaß wird für jedes allgemeine Gebet oder eine Andacht des alltäglichen Gebrauchs gewährt; so z.B. für das "Vater unser", das "Ave Maria", das "Ehre sei dem Vater", das "Memorare", "das Gegrüßet seist du, Königin", das Gebet zum Schutzengel, das Kreuzzeichen, das Segnen mit Weihwasser - alle diese Gebete gewinnen einen Teilablaß.

.
* Was du dabei tun sollst, ist folgendes: Gib ein Anliegen aus einem augenblicklichen oder allgemeinen Anlaß an für einen Teilablaß, der dann mit jedem Gebet und mit jeder frommen Übung verbunden ist, die du von da an vollziehen willst.

2. Vollkommene Ablässe .
* Die Kirche beschränkt diese nun allerdings im allgemeinen auf eine einzelne Person und für einen Tag.

* Du solltest in vierfacher Weise verfahren:
a) Lies in der heiligen Schrift wenigstens eine halbe Stunde!
b) Verbringe wenigstens eine halbe Stunde vor dem Allerheiligsten Altarsakrament!

c) Bete alle Gesätzchen des Rosenkranzes vor dem Heiligsten Sakrament! Aber der Rosenkranz kann auch überall sonst gebetet werden, in der Familie, in einer Gebetsgruppe oder in einer religiösen Gemeinde.

d) Bete den Kreuzweg vor aufgestellten Kreuzwegstationen! Es sind keine festgesetzten Gebete vorgeschrieben. Es genügt eine kurze Meditation an jeder Station des Leidens unseres Herrn.

* *Vier Bedingungen sind verpflichtend für die Gewinnung eines vollkommenen Ablasses:*

a) Du darfst nicht im Zustand der schweren Sünde sein.

b) Du mußt innerhalb eines Zeitraums von wenigen Tagen davor oder danach das Sakrament der Buße empfangen.

c) Innerhalb dieses Zeitraums mußt du die heilige Kommunion empfangen. Aber sie soll speziell in der Meinung empfangen werden, einen vollkommenen Ablaß zu gewinnen.

d) Für jeden vollkommenen Ablaß mußt du demütig und ergeben in den Anliegen des Heiligen Vaters beten. Es ist empfehlenswert, für diese Anliegen ein "Vater unser", ein "Ave Maria" und ein "Ehre sei dem Vater" zu beten.